艺坛漫笔

鲍世远 著

文汇出版社

前　言

《艺坛漫笔》，是我1985年离休后出版的第八本散文集。

回望上海解放初期，我从解放军部队转业到上海市文化局工作，30年岁月，说不尽的激情感悟，写不完的感人篇章。上海是藏龙卧虎之地，文化荟萃之邦。我在文化局长夏衍、于伶，戏曲改进处处长周信芳、刘厚生领导下，从事戏剧工作，任重道远，责任担当。戏剧界前辈、众多戏剧艺术家的人格魅力，爱国敬业的情怀，勉励我兢兢业业，努力工作。

夏衍同志，他在当局长时做过的一件事，给我印象极深：他通过调研，发现文化系统的干部存在突出的问题：知识水平和文化素质不高，知识面太窄，有些干部讲起政治术语滔滔不绝，碰到文化知识却一知半解，甚至不知不觉。这种情况和当时面临的艰巨的文化工作很不相称。

为了改变这种状况，夏衍同志多次大声疾呼：要提倡博览群书，拓宽知识面。有一天，夏衍同志亲自出题，对宣传文化系统的处、科级干部作了一次事先不告知的"常识测验"。试卷共50道题，都属于常识性的，比如：农历一年有哪24个节气？中国古典文学四大名著的作者分别是谁？涉及生活常识的有市场上的蔬菜价格，等等。

测试的结果成绩没有公布，但是事后了解，几十个干部中得80分以上的只有2人，60分以下的竟占百分之七十，连五四运动发生在哪一年这样的问题，答对的也寥寥无几，在常识问题上闹笑话的就不必讲了。

文化常识测试后，陈毅市长知道了说：测试很有必要，如果依我的想法，应当公布成绩，让大家感到脸红心跳，"知耻而后勇"嘛。

刘厚生同志曾经说过："上海确实是海，仅仅一个戏剧界，可忆可写的素材就是写不完的。"《艺坛漫笔》所写的内容只能是"沧海一粟"。我想，这些内容，不仅给老同志们提供怀旧的材料，也应对当下的年轻人，台上台下的从艺者、观艺者乃至管艺者，能有些有益的作用吧。

作者

写于2020年9月

目录

辑一

夏衍同志二三事　　3

怀念于伶同志　　10

赏"梅"留芳　　15

一剧难忘——忆周信芳、俞振飞合演《打侄上坟》　　20

田汉、安娥为傅全香写戏　　22

听盖老谈戏说艺　　28

盖叫天病榻反思　　36

张骏祥执导《罗汉钱》纪实　　39

黄佐临：五十年梦想成真　　44

杨村彬执导《蔡文姬》　　50

辑二

谢晋心目中的尹桂芳大姐　55

袁雪芬演《祥林嫂》　61

拜访刘厚生　66

真心善意，语重心长——读《刘厚生文集》　71

好一位暮年擂鼓人　82

马金凤唱响《穆桂英挂帅》　84

影坛名导、戏曲行家岑范　89

江南名丑刘斌昆　95

怀念丁是娥　101

难忘的沪剧名家顾月珍　106

王盘声抒情唱心声　111

石筱英：配角也风流　116

演员出身的剧作家文牧　121

礼赞筱文艳　127

戏曲"四姐妹"　134

不应忘记的戏曲界"乳娘"　143

麟派鼓师张鑫海　147

思念郑拾风　　152

戏曲画家高马得　　157

辑三

魏启明演好《马寅初》　　165

司徒汉指挥生涯60年　　169

难忘"魏伯伯"——忆文史学家魏绍昌　　174

勤奋结硕果——读《欧阳文彬文集》　　178

吴昌硕、荀慧生的师徒情深　　186

南昌路上美好记忆——评弹名家唐耿良、姚荫梅印象　　189

评弹一支笔——陈灵犀　　197

朱雪琴的"琴调"和贴心三弦　　201

新中国第一代演出家蒋柯夫　　207

赞扬陈荣兰　　212

抗战激情大演出——记蓬莱大戏院　　218

天蟾舞台风景独好　　221

我为"国票"点赞　　225

当甬剧的曲调响起　229

上海记忆中的扬剧　235

"麒派花旦"音容永在　241

戚派艺术通俗美　243

上海观众赞赏李少春　246

京剧的"骂戏"　250

消失的大戏院　252

文化广场四十年　256

辑一

夏衍同志二三事

夏衍同志是我国卓越的新文化运动先驱者、文化战线领导人。他在我的印象中是一位知识广博、很有修养的文化人，也是一位原则性强、坚持真理的领导者。他性情随和，平易近人，不摆架子，言谈风趣，关心他人。他在20世纪的中国文坛奋战了七十个春秋，以英勇善战的独特品格，创建了辉煌业绩，受到了人们的敬爱。

1949年5月他随中国人民解放军进入上海，直到1954年调离上海，就任文化部副部长，在上海的5年，他担任过上海市军管会文管会副主任兼文艺处长，后来出任中共上海市委常委、宣传部长、市文化局长、华东军政委员会常委等职，并兼任上海人民艺术剧院院长。这是他任务最重、工作最忙的时期。每天从清晨忙到深夜，大会小会，会见文艺界人士，为新接管的文化单位安排工作，还要到区委和群众团体作时事报告，但他精力充沛，每天只睡四五个钟头也不感到疲累。

上海没禁演一出戏

1949年9月3日，陈毅同志在"逸园"（后改建为文化广场）作了一次有几千人参加的大报告，宣布历时三个月的接管工作已经结束，第二阶段的管理和建设工作即将开始。在上海整个接管过程中，夏衍同志说："没有禁演一出戏，更没有禁出一本书。"

当时，上海的戏曲界是什么状况？十里洋场上海滩，上演戏曲剧种 15 个，演出剧团 130 多个，从业人员 7000 多人。夏衍同志清楚地懂得，上海戏曲界是具有要求进步、坚持正义、积极革新的优良传统的。欧阳予倩领导的中华剧团和周信芳主持的移风剧社，在抗战期间编演《梁红玉》《明末遗恨》《徽钦二帝》等宣传爱国思想的剧目；袁雪芬把鲁迅小说《祝福》改编为《祥林嫂》搬上越剧舞台……但是，另一方面，这支队伍生活在半封建、半殖民地的上海，由于政治上无地位，生活上无保障，不可避免地在思想上受到不良影响，表现在当时演出的一些剧目混乱复杂。上海解放初期，舞台上出现过《杀子报》《刁刘氏》等凶杀色情戏。

1951 年 5 月 5 日，中央人民政府政务院发布《关于戏曲改革工作的指示》，提出了"改戏、改人、改制"的号召。周信芳、袁雪芬等响应中央号召，自觉不演坏戏，订立公约，带领戏曲界认清三项主要任务，首先从澄清舞台形象入手，对大多数演出剧目采用边演出边整理的办法，消除其不健康的内容和表演，同时吸收新剧目，改编传统剧目，改革戏曲音乐与舞台美术，逐步建立导演和演出制度，举办演唱竞赛和观摩活动。

上海解放以来，多数民间职业剧团都程度不同地进行了一些制度改革，摆脱了封建班主的控制，以"姐妹班""共和班"等形式，从老板和私有制转变为集体所有制。夏衍同志深切地认识到，依靠戏曲界主要人员的自觉性，鼓励他们要求进步、弃旧图新的积极性，从而改变上海戏曲界的整体面貌，达到改革出新的目的，这比单纯用行政手段要好得多。所以，在接管过程中，不禁演一出戏，依靠戏曲界同志的主动自觉不演坏戏，改变戏曲界的面貌。戏曲界体会深刻，改革成效显著。

夏衍同志清楚地记得，当时，在上海戏曲界订公约主动自觉不演坏戏的推动下，上海的京剧、沪剧、越剧、淮剧和评弹等剧团，积极排演从解放区流传过来的剧目，如《白毛女》《赤叶河》《王贵与李香香》《血泪仇》《逼上梁山》《三打祝家庄》等，同时整理改编优秀传统剧目，表现出戏曲界全体成员要求进步的极大热情，激发广大戏曲艺人提高思想觉悟和提高文化艺术水平的积极性。

敬老情深意切

1950年9月20日，上海市人民政府批准，正式成立上海市文化局，首任局长夏衍，副局长于伶、刘思慕。这段时期，夏衍同志的工作十分繁忙，就在这样千头万绪的终日操劳中，他想到了上海戏曲界有一批老艺人，他们为保护剧种、继承事业、培养青年、建设剧团付出了很多心力，尤其在整理传统剧目方面做出了不少成绩，应当加以表彰和尊重。他还想到，周信芳从7岁登台献艺，至今正好是他演剧生涯五十周年纪念，也应当为他庆贺一番。

夏衍同志和于伶同志安排时间，和当时担任文化局戏曲改进处处长周信芳、副处长刘厚生一起商量，认为很有必要举行一次"庆祝周信芳先生演剧五十周年暨上海市戏曲界敬老大会"，同时编印"周信芳演剧生涯五十年专刊"。为了做好这件工作，先得对戏曲界老艺人的现状作一次调研,弄清楚实际情况,才能有针对性地完成这项任务。经过几个月的调研,戏曲改进处的全体成员摸清老艺人的情况,提出敬老活动的一些建议,包括奖励、会场安排、礼品等细节。

1951年2月4日上午9时,在南京西路近成都路的康乐酒家(现已拆除),举行了隆重的戏曲界敬老大会。这是一次空前规模、盛况感人的敬老活动,上海市戏曲界15个剧种的老艺人董天民、伍月华、应宝莲、俞金喜、赵更生等205人应邀出席,他们大多年逾花甲,有的已是古稀高龄,这许多艺高德劭的老艺人,从没有想到竟有这样终生难忘的一天。

这一天,他们兴高采烈,满面春风,穿着整洁,佩戴红花,步入会场。这时候,各剧团的锣鼓队,以专业的演奏水平,用"走马锣鼓""万年欢"等曲牌,奏打出浓浓的欢乐气氛。各剧团的中青年演员代表,真诚地向全体老艺人祝贺致敬。在欢乐的锣鼓声中,在全场来宾的热烈掌声中,全体老艺人分批走上主席台,接受领导同志的慰问和奖励。

在主席台上,周信芳和老艺人们握手互致欢庆,京剧老艺人伍月华深有所感地说:"我们这些在旧社会里被当作路边草的人,今天人民政府把我们看作珍宝,我们一定要全力以赴培养青年,报答政府的恩德。"京剧老艺人应宝莲握着周信芳的手说:"您是我们戏曲界的带头人、好榜样,我们为有您这样的领头人感到光荣自豪。"在领奖过程中,不少老艺人热泪滚滚,激动得说不出话来。

正在全场人员沉浸在欢乐的气氛中时,梅兰芳先生则刚从北京来到上海。在车站他听家人说起今天上海举行戏曲界敬老大会,一听这个喜讯,顾不得回家,就直接赶到会场。当梅兰芳先生出现在会场的时候，全场起立，一片欢腾，掌声不绝。梅兰芳先生被请上主席台，他向全体老艺人热烈祝贺，作揖鞠躬，全场又响起热烈掌声。

当梅兰芳与周信芳见面时，两人紧紧地拥抱，连声说："今天，实在太高兴了……"梅、周二位先生同庚又同科的表演艺术家拥抱在一起，唤起了不少美好的往事：梅先生最早在上海首演《抗金兵》反抗日寇侵华，后来他蓄须明志隐退舞台。周先生排演《明末遗恨》等剧激励人们敌忾同仇。他们同是坚持京剧改革创新的先行者，坚持演好戏，坚持对传统剧目进行整旧图新，他们是好学不倦的求知者，又是同台合演、同科学艺、亲密无间的合作者。

夏衍同志提议举行敬老活动，给许多老艺人、中青年演员留下难忘的记忆，给青年演员以深刻的教育和鼓励，也让到场的新闻工作者深受鼓舞。敬老活动，就是敬重我国的民族文化，做好敬老工作，就是让民族戏曲更好地为人民服务。敬重老艺人，应当成为戏曲界的好传统、好风气，让戏曲艺人认识自身的生命价值，坚持为继承优秀传统，发展戏曲艺术事业作出更多贡献。

工作忙，不能放弃学习

在文化局召开的干部大会上，夏衍同志多次教导我们，上海是藏龙卧虎之地，文化荟萃之邦，文化事业占全国"半壁江山"，在上海搞文化工作任重道远，责任重大。他勉励我们要勇挑重担，兢兢业业，勤奋学习，努力工作，千万不要辜负了党和人民的期望。

夏衍同志通过调查研究，感觉到宣传文化系统干部存在的突出问题：知识水平和文化素质不高，知识面太窄，历史知识和科学常识比较缺乏。这种状况与当时面临的艰巨任务是不相称的。为了改变这种状况，他多次语重心长地对我们说：要提倡博览群书，拓宽知识面。他还告诉我们：一个文化艺术工作者，如果知识面很狭窄，将会寸步难行。他是从关切干部出发，希望干部文化素质不断提高。于是，有一天他通知宣传部和文化局系统的处、科级干部，只通知大家有重要事情，不要请假，参加常识测验。

常识测验的试题是夏衍同志亲自拟定的，50道问答题，每道题2分。比如：延安文艺座谈会是哪年哪月召开的？农历一年中共有哪24个节气？中国古典文学名著《红楼梦》《水浒传》《西游记》《三国演义》的作者是谁？还涉及生活常识方面，比如市场上蔬菜、禽蛋的价格多少，等等。

测验的结果成绩没有公布，据事后了解，得80分以上的只有2人（其中一人是刘厚生同志），60分以下的竟占百分之七十。连五四运动发生在哪一年这样的问题，答对的也寥寥无几，在常识问题上闹笑话的就不必讲了。好在夏衍同志事先考虑到被测验者的"面子"问题，规定了答卷一律不署名，测验结果只供领导参考，不公开发表，只在事后发给大家一张正确答案，让大家自己心中有数。

夏衍同志搞这次常识测验是有些想法的。上海解放不久，他第一次察觉到我们干部（主要是指宣传、文化系统的干部）存在知识水平太低、常识不足的问题，他和宣传部、文化局的处级以下干部谈话时，有许多事情讲不通。一般说来，政治性的名词、术语他们知道，但一接触业务上的问题，连最普通的名词、人名、书名、地名，就"从来没有听说过"。为此，夏衍同志在干部座谈会上，号召大家学习毛主席在七届二中全会上的讲话，因为入城以后，环境变了，过去熟悉的那一套用不上了，他劝大家多读书，多学一些过去不知道的事情。

谈到学习，夏衍同志提醒我们，工作忙，不能放弃学习，要掌握两条：一是"钻"，开动脑筋，努力钻研；二是"挤"，在日常繁忙工作中，善于挤时间。

百忙中写"灯下闲话"

夏衍同志曾经这样说过："全国解放后，我不当记者了，可是一个当惯了编辑或记者的人，一旦放下了笔，就会像演员不登台一样地感到手痒。"上海刚解放，市民思想混乱，黑市盛行，潜伏的特务又不断散布谣言。当时，《新民报》晚刊总编辑赵超构同志问夏衍同志："可不可以给我们写一点？"夏衍同志请示了陈毅同志，欣然同意。陈毅同志想得更为全面，他鼓励夏衍同志写，可以写得自由一点，还说："可以用笔名，也不要固定用一个名字，我替你保密。"

于是，赵超构同志给夏衍同志辟了一个专栏叫《灯下闲话》，每篇四五百字，每隔一两天写一篇，写的文章主要从民间报纸的立场，想要匡正一些时弊。当时，夏衍同志49岁，精力饱满，尽管工作繁忙，百忙之中不断地写，甚至利用去北京参加第一届政治协商会议，火车上也写，几乎每篇都换一个笔名，一直写到1950年四五月间，大概写了100多篇。为什么不写下去呢？主要是，一实在太忙，二"密"保不住，不久渐渐传开了，就主动收摊。

写到这里，我真想找出夏衍同志当年所写的一篇《灯下闲话》，供同志们学习欣赏。但遗憾的是我没有找到。

怀念于伶同志

于伶同志,是我国受人尊重、名实相称的剧作家、戏剧活动家之一。他以戏剧为武器,从上世纪30年代初开始,对党的文艺事业一片忠诚,不论身处何种境遇,永远乐观,竭尽全力,战斗不息。

于伶同志从1932年写《瓦刀》起,直到晚年创作电影《聂耳》、话剧《七月流火》,共写小戏28个,大戏15个。这些作品反映了中国新兴话剧运动的历程,他以话剧作为武器,反映现实斗争生活,投入民族民主革命斗争,呼喊救亡图强,鞭笞汉奸败类,宣扬民族气节。他在《长夜行》一剧中曾借剧中人之口说了这样一段话:"人生有如在黑夜中行路,失不得足,尤其是我们现在生活在敌后的上海孤岛,那才真像在黑暗里走路,而且是一个很黑、很黑的长夜,是一条难走、很容易失足的长途。"他在剧作中饱含革命乐观主义精神,激励爱国知识分子,在茫茫黑夜里,在崎岖的长途中挣扎前行,不但没有失足,而且要奋力跑在人们的前面。

夏衍同志曾在《于伶小论》一文中这样写道:"信仰使他乐观,使他挣扎,使他废而再立,伤而再起。"正是这种对革命事业的崇高信仰,这才成为于伶同志作为一个革命艺术家最可贵的品质,才使他

"不会在挫败时怯战,不会在寂寞时伤感"。这正是最值得我们学习的。

于伶同志是支持帮助戏曲艺人团结进步的热心人,还是个不摆领导架子,不板领导面孔的好领导。1946年,雪声剧团根据鲁迅小说《祝福》改编的《祥林嫂》,于伶同志热情支持。5月6日晚,由袁雪芬、范瑞娟主演的《祥林嫂》,在明星大戏院演出,招待文艺界人士田汉、许广平、洪深、史东山、黄佐临、张骏祥、李健吾、白杨、丁聪、胡风等观看。随后,于伶同志约请袁雪芬与剧组编创人员到同孚路(今石门一路)大中里于伶同志的家中,听取田汉同志对《祥林嫂》的意见,帮助雪声剧团的演出本修改提高。

1946年5月12日,国民党政府的上海市社会局和警察局强行规定,本市的演员、妓女、舞女都要向政府登记,挂"桃花章",把演员同妓女一样列为"特种营业人员"。消息传来,激起戏剧界的强烈公愤,于伶同志等组织戏剧界拒绝"艺员登记",一万多名戏剧界人士团结起来,声势浩大,反对登记,迫使国民党政府取消登记。

1950年夏天,夏衍同志兼任上海市文化局局长,于伶同志是常务副局长,当时由于工作需要建立戏曲改进处,想请周信芳先生担任处长。于伶同志邀请周先生一天下午茶点小聚,他想得很周到,为了表示对周先生的尊重,潘汉年副市长亲自出席,开头大家喝茶,闲谈戏曲界的情况,过后于伶同志请潘副市长代表市府正式邀请周先生出任处长。周先生说,我是个演员,从来没有做过领导,工作恐怕做不好。于伶同志说,周先生在戏曲界德高望重,请您出任处长,登高一呼,有利于开展戏改工作;至于日常工作,由刘厚生同志做您的副手,您又有演出任务,不必每天上班工作。可周信芳先生是位认真负责的人,他上任后,力所能及地做到按时上班,尽心尽责。

1951年初，于伶同志亲自主持举行周信芳演剧生活50周年纪念会，同时为了表彰戏曲界老艺人整理传统戏、培养青年演员所做的贡献，为各剧种200多位老艺人举行敬老会。

1952年，文化部在北京举办第一届全国戏曲观摩演出大会，于伶同志主持筹备各项工作，担任华东代表团团长，率领华东和上海的京剧、越剧、沪剧、淮剧的一大批人马去北京参演。他和戏剧界人员真诚相待，亲切交流，推心置腹交换意见。他虽是戏剧界的领导人，但是实际上他是戏曲艺人们的好朋友。

于伶同志是一位感情十分丰富、心意非常真挚的充满诗人气质的人。读他的散文和诗，总感觉到作品出自心灵深处，充满激情，有血有泪，寄托了他对周总理、对潘汉年、对邹韬奋、对聂耳等等他所尊敬的人们的哀思，也抒发了他对夏衍、对巴金的深情。于伶同志给我的印象是，他不但是有成就的剧作家，而且是位名副其实的诗人。

1947年6月，程砚秋到上海演出，这是抗战胜利后的演出，于伶同志约周信芳共同请程砚秋在国际饭店吃饭。老友久别重逢，大家非常高兴，当时刚好有消息传来，中共中央所在地从延安搬到张家口，于伶同志即兴作诗一首：

霜雪八年喜复哀，
高楼小宴砚秋来。
延安话到张家口，
万里云天祝一杯。

这最后一句隐喻，天快亮了，离解放的日子不远了。

几年过去，于伶同志在"潘杨"冤案中被株连，靠边坐冷板凳十年多，他身处逆境不被信任，依然在力所能及的范围中忘我工作。那时候他肝病很重，正处在心情欠好、健康不佳的情况中，他被聂耳和华素瑛火热的革命感情所感动，创作了电影《聂耳》(同孟波、郑君里合作)和话剧《七月流火》。

十年浩劫中，于伶同志被"四人帮"视为眼中钉，从1966年起，他连遭十次抄家，多次批斗，接着是九年监狱，受尽折磨。身处狱中，在无纸无笔的情况下，他反复地默吟成诗：

斗争从不怠，
何苦将我绐（dài 欺骗）？
无罪亦无功，
三十五年在！

在这首愤怒的诗中，他痛恨"四人帮"上海党羽对他的迫害，他面对仇敌，显示出真正共产党员的尊严。

粉碎"四人帮"后，于伶同志出狱回家。他在狱中九年的囚禁生活期间，上海的家历经十次抄家，小园荒芜，他老伴柏李一人苦守，园中独有一棵盆栽的小榕树，经柏李照料，生机盎然。于伶同志面对此情此景，激动不已，写了七绝一首：

抄家十次未等闲，
寂寞小园亦自然。
榕树情深迎候我，

生机勃勃胜当年。

1984年9月下旬的一个休假日,我在静安公园散步,迎面过来一位手执拐杖戴墨镜的老人,我仔细一看,啊!原来是久违的于伶同志。他因病住华东医院,有时候到静安公园散散步,同游客聊聊天。

于伶同志高兴地握住我的手说:"文化局的老同志,我还能记得,几十年过去了,现在的新同志我就不认识了。"

他向我问起许多老同志的近况,我详细地告诉他。他回忆起当年文化局的工作,赞扬上海戏曲界有爱国家、讲团结、求进步的好传统,上海戏曲界又是出人才、出作品的地方。

我送他走出公园南门,久久望着他的背影款款地向华东医院走去。

没过几天,我收到了于伶同志寄来的《于伶剧作集》,扉页上是他亲笔的题词:"世远同志指正 于伶 国庆35周年前夕 热烈庆祝声中 上海。"

我激动地手捧《于伶剧作集》,心潮难以平静。于伶同志是一位对党忠诚、受人尊敬、充满革命热情的剧作家、戏剧活动家;他是一位满怀革命激情的诗人;他又是一位团结帮助戏曲艺人进步的热心领导人。他离开我们已经23年了,我们深切地怀念他。

赏"梅"留芳

这里所说的赏"梅",不是到无锡梅园、吴县邓尉、杭州灵山去观赏冬日的寒梅吐艳,幽香满园;而是说在舞台上,上海戏曲界的数千艺术人员,有幸观摩京剧艺术大师梅兰芳的表演艺术这件令人难忘的盛事。

那是 1954 年 6 月,梅兰芳正在上海人民大舞台公演。上海戏曲界的同行们企盼已久,希望能够观摩梅先生的精湛表演,尤其是各艺术院团的演员们,平时忙于演出,缺少观摩的机会。上海市文化局的领导十分理解演员们要求观摩学习的殷切心情。

但是,困难有三:一是在梅先生公演期间增加演出场次,不太可能;二是要求梅先生为照顾戏曲界同行观摩方便,安排日场演出,似无先例;三是请梅先生演什么剧目,怎么定好?

经过研究,我专程到梅先生的上海寓所——"梅华诗屋"进行洽谈。为了不影响梅先生休息,我与许源来先生具体协商。

我着重反映了上海戏曲界同行们的学习热望,比如有的主要演员说,演了一辈子戏,还没有欣赏过梅先生的演出;有的说演员们晚上都要演出,但又强烈希望能够看到梅先生的演出。许源来先生答应把上海演员们的要求向梅先生转达。

过了几天，许源来带来了消息：梅先生高兴地表示，等公演结束后的第二天日场下午3时，为上海戏曲界演出，剧目定为《宇宙锋》。梅先生期望上海戏曲界的同行们，把观后的意见告诉他。

喜讯传开，上海戏曲界的同行们奔走相告，满心喜悦地都想能够得到一张观摩票。

上海话剧界、电影界的演员们也要求观摩，于是分发这场演出的观摩票，使具体经手票务的同志感到相当为难。

当时，有些剧团经常演出日夜两场，为了争取观摩梅先生的演出，那天特地停演了日场。种种热烈动人的气氛，使观摩"梅派"代表作之一，梅先生晚年依然不断加工、千锤百炼的《宇宙锋》的演出，成为上海戏曲界的盛大喜事。

演出那天，人民大舞台热气腾腾，上海各剧种的演员、编导、音乐与舞美工作人员济济一堂，共赏梅先生的表演，这不仅在上海戏曲界是一件大事，而且在上海戏曲史上，也是闪闪发光的一页。

演出后，上海戏曲界各剧种的主要艺术人员举行了观摩座谈。京剧艺术大师周信芳对梅兰芳的《宇宙锋》发表三点精辟的意见：

一、这出戏，从前在旧戏班里只作为开锣戏，不被人重视。梅先生挖掘了戏里蕴含着的人民性，去掉了糟粕，经过多年来对剧本的反复修改，又在表演上不断加工，使戏愈来愈完美，尤其是"修本""金殿"两折，已成为京剧舞台上的优秀保留剧目。

二、这个戏的表演十分吃重，赵艳容以一个弱女子来反抗封建帝王的压迫，不得不假装发疯，从把自己的父亲认作儿子和丈夫，直到金殿上痛骂昏君，要使剧中人看来她是真疯，而让观众看来她是假疯，还要让观众感受到她内心的痛苦,这给演员提出了一个极其艰巨的任务。

三、汉剧表演艺术家陈伯华演《宇宙锋》,曾学习了梅先生的表演方法,再结合自己的表演经验作了加工,在第一届全国戏曲会演以后,受到普遍重视。梅先生虚怀若谷,向汉剧吸取营养,向陈伯华学习,进一步丰富自己的表演,但他决不生搬硬套,比如他并没有把哑巴丫环像汉剧那样改成哑巴乳娘。

周信芳认为《宇宙锋》是一出颇见功力的传统经典好戏,梅先生的表演功夫独到,意义深沉,所以周信芳竭力主张上海戏曲界的同行们,应当认真观摩这出戏。

京剧著名"黄派"旦角演员黄桂秋深有感慨地认为,梅先生的精彩表演十分辛苦,他的表演总是带戏上场,带戏下场,他每次演出前早早到场,扮好妆就酝酿情绪,认真默戏,还没有出场,他早就进入角色;而下场时他是戏断神不断,他久久活在戏情之中,情绪久久不能平息,他是全身心演戏,而不拘泥于程式。

曾跟梅先生学戏多年的"梅派"弟子著名演员言慧珠,体会到梅先生演戏主要演情绪、演人物、出感情,而不拘于形式。《宇宙锋》中的赵女对赵高有三声称呼:第一声叫"爹爹",第二声呼喊"老哥哥",第三声喊出"我的儿啊",三种不同的叫喊,表达出三种不同的情绪。梅先生的表演完全出于内心感情,以假装发疯又要不露丝毫破绽,并且含着十分痛苦的心情,这需要难度很大的表演功力。如果说,汉剧的《宇宙锋》中的赵女采用的是正面斗争,那么,梅先生所表演的赵女是从侧面向封建势力进行抗争。梅先生在舞台上全身心投入表演,做到每秒钟对观众负责。

著名京剧编剧、演员李瑞来体会梅先生的表演艺术是：一会、二精、三化、四悟。这是表演艺术发展的重要规律，也是艺术趋向成熟，从初级到高级，向高精尖发展的过程。他不重外部动作，而重内心表现；他年龄愈大，戏德愈好，艺术愈精。这都说明，从"精"到"化"，再上升到"悟"的发展过程。

沪剧名演员孔嘉宾说，梅先生的水袖功夫是很出色的，他抖水袖结合人物的思想情绪，他甩水袖很有力度，也有变化；他在台上一抖水袖，能使观众的心强烈地一跳。这是因为他表演的是人物的情绪，不是脱离人物的单纯技巧卖弄，所以能够激起观众的共鸣。

有位青年越剧演员说，本来觉得一到30多岁，就自认为是"老艺人"了，感到艺术生命很短。看了先生的演出，受到很大的鼓励与强烈的鞭策。过去，往往强调身体不好就不练功，歇夏就不练嗓子，现在认识到要靠艺术青春，而艺术青春的获得要靠勤学苦练，更靠演员的精神。

著名扬剧演员蔡元庆说，这是他生平第一次观摩梅先生的戏，他越看越惊异，我国戏曲界真有这样不可多得的大演员。作为一位大演员，他一出场，就有神采，就有分量。总觉得不是梅先生在演戏，而是赵女在活动，自始至终，不偏不离。梅先生在舞台上善于运用眼神，见哑奴时的含蓄的表情，哑奴教赵女装疯，只是提个头，而赵女的眼神是含而不露，惊恐中带有几分痛苦，这些都做到了既有艺术的美，又符合生活的情理。

岁月流逝，当年的赏"梅"演出，虽然已经有四十多年了，但是，直到今天，许多当年观摩过梅先生《宇宙锋》的演员们，还能清楚地记忆起当时的动人情景。正是：赏"梅"留芳，一剧难忘。

演员们观摩《宇宙锋》以后，想起梅兰芳曾经谈表演艺术的一番话。他这样说："一个演员对于剧本所规定的人物性格，除了从文学作品和过去名演员对于角色所创造、积累的结晶应当继承以外，主要就靠平时在生活中随时吸取新的材料来丰富角色的特点，并给传统表演艺术充实新的生命。假使不具备辨别精、粗、美、恶的能力，将会在日常生活中吸取了不合用的东西，甚而至于吸取不少坏东西。"

梅兰芳接着又以他个人的经验，进一步阐明虚心学习，尤其是向观众学习的重要，他说："我个人的经验，除了向老先生虚心学习和多方面观摩别人演出以外，还有最重要的，就是借用观众鉴别精、粗、美、恶的言论，来增强自己的鉴别力。观众里面有很多是鉴别特精的，演员们耐性听一听观众尖锐的批评，会帮助我们眼睛、耳朵变得更尖更亮，能发现更多值得参考的东西。"

梅兰芳还从"宁穿破，不穿错"这句老话谈到服装不但不能穿错，就连服装的颜色、花样，也应该同样被重视，他这样告诉我们：

"《宇宙锋》的《修本》一场，赵女穿的衣服，颜色就该深，花纹就该素，跟前面几场完全不同，才能显出赵女满腹幽怨的心情和刚死丈夫的悲哀，好让赵高相信匡扶是真的被杀了，免得再去捉拿。"

梅兰芳如此精细深入地谈论表演艺术，给同时代的以及后辈的演员们以莫大的鼓励与教益，演员们将会永远铭记梅先生的教诲，永远怀念梅先生的品德。

一剧难忘
——忆周信芳、俞振飞合演《打侄上坟》

天蟾舞台从1926年2月落成开幕以来，几度易名，至今六十多年，不知有多少南北京剧艺术家，以精湛的技艺赢得观众的赞赏，成为上海滩上演京剧的重要舞台。

在多次的演出盛举中，使我难以忘怀的是周信芳、俞振飞二位表演艺术大师的一次出色的演出。那是1961年的6月，当时周老66岁，俞老60岁，他们合演《打侄上坟》，这是一出扣人心弦的出情戏，周老饰叔父陈伯愚，俞老扮因误交坏人沦为乞丐的侄儿陈大官。周、俞二老生活中虽常有交往，但同台合演的机会并不多，那次合作久未上演的《打侄上坟》，自然引起广大观众的极大兴趣。

剧中的陈伯愚年过半百而无后嗣，满心惆怅，带戏上场。当听到家院报道大官来了，他忙问："是哪个陈大官人？"得知是他侄儿来到，顿时高兴万分："快快有请。"而陈大官因交友不慎，在外吃喝嫖赌，沦为乞丐，听说叔父开仓分粮，前来领粮。但到了家门，不免心惊胆颤。当听得家院一声"有请！"，大官立即端起架子，但一身狼狈，穷中带酸，观众哄笑四起。来到门口，大官的两腿颤抖不能迈步，他连呼："老腿呀老腿，你为何不跟我进去？"这段细节表演，把大官因穷极潦倒沦为乞丐，饥肠辘辘，前来领粮的羞愧、胆怯、惊慌等复杂心理，表现得淋漓尽致。俞老擅演穷生的精湛技艺，在这里充分展示。

陈伯愚正在急切盼见侄儿，谁知大官竟落魄潦倒，成了个穷酸不堪的乞丐。这时周老的表演由希望、喜悦转化为惊讶、震怒，连声问："你是大官？""怎么落得这般光景？""你既是乞丐，为何不到长街乞讨？"这些都是陈伯愚在极度痛恨、悲愤交集的心情下说的苦话。当他连叫大官"近前来……"时，成为由盛怒酝酿一顿痛打的铺垫。周老和俞老以真实感情，充分表现这叔侄之间的心态反差，大官畏缩近前，陈伯愚苦笑连声，笑声中却饱含泪水。终于爆发一扬"活活打死你这败家的根"的责打。

周、俞二老在演出中，摒弃了一般京剧演出时的虚假性表演，而是从人物出发，以生活为依据，用饱含人情味的真情实感，达到感情色彩的充分流露。舞台上演的是古代的人情生活，但感情却完全与现实生活息息相通，它给人以联想、启迪与教益，因而动人心弦，令人久久难忘。

田汉、安娥为傅全香写戏

田汉同志,在我心目中,是中国革命戏剧运动的奠基人,戏曲改革事业的先驱者。在我从事戏曲改革工作的岁月中,他的人格魅力和工作激情,给我留下深刻的记忆。

(一)

且举二例:一是,1950年,文化部为了摸清全国戏曲界的情况,研究改进戏曲工作,当时担任文化部戏曲改进局局长的田汉,及时召开第一次全国戏曲工作会议,听取部分省市文化部门负责同志的汇报。上海由刘厚生同志汇报了戏曲界的现况,提了一些改革的设想。田汉同志听了大家的汇报后,作了《为爱国主义的人民新戏曲而奋斗》的主旨报告,经过集体讨论,向文化部提出了《关于戏曲改进工作的建议》。一年后的5月5日,由周恩来总理签署,发布了《关于戏曲改革工作的指示》,极大地提高了戏曲界的思想认识,有力地推进了戏曲改革工作蓬勃发展,田汉同志功不可没。

二是,1952年,戏改工作在全国全面开展以后,各省市戏曲界出现喜人的新气象。田汉同志一行在全国戏曲院团进行调研、观摩、总结经验、掌握情况。在一片大好形势下，提出举办第一届全国戏曲观摩演出，检阅戏改工作所取得的成绩。全国各戏曲艺术单位听到这个消息，情绪高涨，意气风发。于是，1952年10月至11月间，在北京举行盛况空前、史无前例的第一届全国戏曲观摩演出大会，参加会演的有京剧、越剧、川剧、晋剧、豫剧、汉剧、评剧、沪剧、淮剧等23个剧种，演出剧目近一百个，参加会演的有1600多人，我记得当时田汉同志满怀激情地说："这样的会演是真正的艺术海洋。"

（二）

从担任戏曲改进局局长到艺术事业管理局局长，田汉工作繁忙，紧密团结广大戏剧工作者，为繁荣戏剧创作做了大量工作，并创作了话剧与戏曲新剧作，就我观赏过的有话剧《关汉卿》《文成公主》，京剧《江汉渔歌》《白蛇传》《金鳞记》(与安娥合作)、《西厢记》和《谢瑶环》等，给我印象最深刻的，是田汉和安娥为傅全香编写的越剧《情探》。

事情得从东山越艺社进京演出说起。

东山越艺社，是以范瑞娟、傅全香为首，1947年1月在上海明星大戏院成立的民营剧团。该团的剧务部和班底都是原雪声剧团的，以后有所调整。演员有张桂凤、丁赛君、毕春芳、张云霞、吕瑞英等。他们着力推进越剧改革，重视扩大表现题材，提高艺术质量。

上海解放后，他们演出《万户更新》《控诉张春帆》《李闯王》《孔雀东南飞》等，深得观众好评。

1950年秋天，东山越艺社的同志们为了扩大越剧的影响，想争取上北京演出。根据大家的意愿，请剧务部的编导南薇，写信寄给文化部的田汉同志。正在大家担心这一冒昧要求可能遭到拒绝时，谁知出乎意料，很快传来佳音，由文化部艺术事业管理局邀请，东山越艺社于1950年7月赴京演出《梁山伯与祝英台》和《祝福》。江南的越剧开天辟地第一次上北京演出，全团同志激动的心情久久难以平静。他们进了中南海怀仁堂为中央领导人演出，周恩来总理还邀剧团主要演员、编导到家中做客。

东山越艺社很快在北京打开了越剧演出的局面，赢得了北京观众的喜爱。

（三）

在一次田汉、欧阳予倩、洪深等戏剧界前辈代表艺术事业管理局举办的宴会上，田汉热情地向首都文艺界介绍了越剧的诞生和改革历程，阐述了解放前"越剧十姐妹"（范瑞娟、傅全香、张桂凤是"越剧十姐妹"中的三位）联合义演《山河恋》，勇斗黑暗势力的史实，全场一片掌声，东山越艺社的同志们激动得热泪盈眶。

在又一次座谈会上，京剧表演艺术家程砚秋也来参加，傅全香敬慕程先生，私淑已久，但欢聚一堂却属首次。机缘难再，傅全香走到程老师面前，恭恭敬敬地三鞠躬，毛遂自荐说："我是您不认识的学生。"程砚秋谦虚地站起来笑着说："你是傅全香，我怎么不认识，你是越剧界的程砚秋嘛！"一番话，说得满座笑声四起。田汉接着对程砚秋说："你的程派，居然在绍兴戏里生根发芽啦。"这时，全场的气氛热烈,成了欢乐的海洋。

程砚秋还回答了傅全香提出的真假嗓子结合的技巧和演唱中气息的运用问题。

程砚秋说:"你也许看过我的《英台抗婚》,我看过你的《梁祝》,你知道演唱中真嗓子不能太真,假嗓子不能太假,如果能使真嗓子假一点,假嗓子真一点,把真假嗓子糅合起来恰如其分地运用,就更能打动观众的心。气息也是演员的命脉,不仅是唱,就是念、做、打,都离不开气息的运用。"程老师还希望傅全香练"腰功"。

(四)

东山越艺社在北京演出后,田汉把京剧《情探》剧本交给傅全香和范瑞娟,说准备请田老的夫人安娥改编成越剧,如果改得还行,就考虑为剧团上演。

1956年,安娥应儿童艺术剧院的邀请,来上海编写儿童剧《海石花》,同时,为了改编《情探》,就住在傅全香家里。不久,田老也来了,大家谈艺海春秋,谈川剧、昆剧,更多的是谈越剧《情探》。田汉说:"我们要创造一个美丽的鬼,写她的爱与恨,相信你一定能演好。"安娥说:"恐怖、丑恶的鬼当然不行,我们创造的鬼,善良、美丽、爱憎分明。"

于是,安娥拿起笔,悉心进行改编。但是,改编正在进行,修改尚未完毕,意想不到的事情发生了。安娥突患中风,身体瘫痪,不能说话,无法执笔。她被送医院诊治,后来又送到北京继续治疗。改编《情探》的这副重担,就落到了工作繁忙的田老身上。

1957年初，范瑞娟和傅全香在天津演出时，特地赶到北京去看望田老和病中的安娥，并且告诉他们，上海越剧院决定排演《情探》。安娥虽不能讲话，但神志清楚，听到这个消息后，她露出了笑容，一只尚能动弹的手，指指田汉，意思是说要他继续加工，把剧本修改好，田汉会意地点头，让她放心。

越剧《情探》的剧本渗透着田汉夫妇的心血，经过田汉修改后，在原有的情节中，增添了《阳告》《行路》两场戏，突出了敫桂英的美、情、怨。田汉一再重申，再三强调地对傅全香说："你演敫桂英，不但要演出敫桂英美好的形象，更应演出她善良美好的心灵，真挚专注的感情，和她一片真情被践踏后的悲愤心理。只有把她的'美'和'情'充分深刻地演出来，才使后面的'怨'有合理的根据，产生强烈的对比效果，激起观众的高度共鸣。敫桂英是旧社会底层妇女最具代表性的典型人物，出淤泥而不染，你一定要把她演好。"田汉还叮嘱傅全香向川剧学习，川剧的《情探》最具特色，周慕莲主演的《打神告庙》演来出神入化，那因深受刺激而木然的眼神，那紧扣人心的念白"王魁贼啊"，紧接着的跟跄"冲步"，无不激起观众内心的感情波澜。

傅全香不负田老夫妇的期望，她领会田老的叮嘱，学习川剧的独到技巧。她在《阳告》中当敫桂英哀告无门，神情迷惘，幻觉中似见王魁峨冠博带威风凛凛地走来，便说："王魁啊王魁，我不想你！我真的不想你！我就是不想你！"三个"不想你"，用三种不同的眼神和指法，表现她对王魁既爱且恨，怨与情交织的复杂心理。我清楚地记得有一位观众看了《情探》后，写给傅全香词一首：

"似歌似泣，一曲回肠；似人似魂，飘舞阴阳。怎引出这精致艺术？是你，一条金嗓，一身功夫强。"

傅全香很清醒，她曾认真地对我说过：这对她是过奖了，其实应该赞扬的是田汉夫妇心血凝成的剧作和对她的谆谆教诲。她说，田汉的《情探》，无疑是她心仪已久的好戏，唯有全力以赴塑造好剧中敫桂英这个艺术形象，才是对田汉、安娥夫妇厚爱的最好回报。

（五）

1957年10月，傅全香和陆锦花合作，在上海大众剧场正式上演《情探》，连演三个月，盛况不衰，以后也常演常满，《情探》成为上海越剧院的保留剧目，傅全香的代表性作品，其中《阳告》《行路》二折，公认是她的经典折子戏。1958年，越剧《情探》拍摄成电影戏曲片。

1958年，田汉同志来上海，上海越剧院专门为他演出《情探》。田汉同志看完戏后对傅全香说："我看你是下了功夫的，你把川剧化为越剧，化得好，丰富了我的剧作，你从川剧《情探》唱词中移植三个'不想你'，我很赞赏，三个'不想你'，一句紧接一句，它的潜台词是'我想你，我真的想你，我就是想你'。这段唱词把敫桂英一面拼命想把负心汉忘掉，但事实上却无论如何忘不了的矛盾心理充分反映出来。"

田汉还对扮演王魁的陆锦花十分欣赏。他握着陆锦花的手说："你是我笔下的王魁。"他认为，陆锦花塑造的王魁，落魄时寒酸毕露，中举后得意忘形，演来不温不躁，恰到好处，没有脸谱化的痕迹。他的变心、变坏，是随着自身的地位变化、环境的变化逐步深化的，直到最后屈服于世俗的偏见，绝情绝义。这就点明了这出戏的主题思想，即制造悲剧的根源是社会，反对的是整个吃人的封建社会，而不仅仅是王魁这一个人。

听盖老谈戏说艺

1959年,盖叫天先生71岁,他正式演出渐少,但并没有颐养天年,艺术活动依然不断。这时候,我的老友何慢、龚义江正在记录整理盖老60年舞台表演艺术的经验。

盖老是一位很健谈的人,他不喜欢"我谈你记"的方法,这样,他的谈话就难以为继,即使谈出来也不生动。他习惯的是像聊天那样,随意谈来,聊天中要有对手,要有反应、交流,这样才能越谈情绪越高。聊天的对手,有时候有意识地提些问题,启发引导盖老,能使内容向纵深发展,表演艺术经验得到更充分展示。盖老诙谐地说:"打个不恰当的比方,你们要像斗蟋蟀那样,用斗蟋蟀的草来引我的话头。"

我曾先后两次随何、龚二位去盖老家中做客,一次是1960年秋天,在上海东湖路盖老家中;另一次是1962年早春在杭州金沙港的"燕南寄庐"老家,听他生动风趣、深刻动情地谈戏说艺,激动时他边说边演,精彩纷呈,给我留下极其难忘的美好记忆。

1960年秋天的一个下午,我们走进东湖路盖老的客厅,"学到老"匾额高挂,满屋子各式各样的古董瓷器、雕刻、名家绘画、姿态各异的佛像,点燃一炷香,飘散着一阵阵好闻的清香。

盖老正在铺着宣纸的桌上画马，他爱画马，尤其爱画扬蹄飞奔的马，让飞奔的马在纸面上活起来，马头侧视，仰天嘶鸣，表现出无穷的活力。他说，马有灵性，通人情，无论在生活上、工作中、战场上，马都能尽力尽忠。项羽被困垓下，四面楚歌，最终自刎乌江，乌骓马也不愿回到江东，跳江而死。他虽然爱画马，但是总觉得纸上奔马还是不尽如人意。

有一年，清明时节，盖老到苏州去扫墓，从西园到虎丘有出租马匹供游客代步。盖老租了马匹，飞身上马，向虎丘跑去，开始时缓缓而行，一会儿越跑越快，不消片刻工夫，已从虎丘打了一个来回。可这还不尽兴，他要租马人拿掉马鞍，租马人说不用马鞍有危险，盖老不听，坚持要去掉马鞍，租马人只好照办。只见盖老一跃跳上马背，两腿一夹，马飞奔而去，他在马背上忽上忽下，或拿顶，或翻身，做出各种姿势，行人无不喝彩叫好。

从画马到骑马，人处在不同的情境中，表现出不同的心态。他体会到，画马，是人在静止状态中，去表现奔跑中的马，这是静中显动；骑马，则是人处在动态中，与飞跑的马配合，做出许多身段技术，这是动中见动。

但是，盖老却很有感慨地说，他画马也好，骑马也好，都不是他的主要目的，他的主要目的、主要愿望，是从画马、骑马的过程中，去思考、研究、实践在舞台上表现"趟马"。"趟马"是戏曲舞台上通过成套的、连续的舞蹈动作，表现策马疾行的表演程式动作。这种表演程式动作，不是凭空想象出来的，而是从实际生活中提炼而成，是既有生活依据，又有美化提高；既从生活出发，又有人物性格表现。重要的是，"趟马"要从人物出发，从不同人物的身份、性格出发去表现"趟马"。晁盖是大花脸,"趟马"要有梁山首领的身份;林冲是武老生,不仅要有英雄气概,还要武中有文,文中有武;阮小二是短打武生,勇中带秀;扈三娘是武旦,柔中有刚。各人都有自己的神情和姿态,各人在"趟马"时千万不能千人一面。

盖老还认为,"趟马"这种程式动作,还可以根据情节、人物、场景,在不同的戏中,适当地进行合情合理的借鉴和使用。原先盖老演《洗浮山》中的贺天保,有一段"趟马",后来盖老演《英雄聚义》中的朱仝,他把贺天保的"趟马"移花接木地改用在朱仝身上,成功地把这段舞蹈给完美地保留下来。盖老发现朱仝"趟马"时所唱的《石榴花》,是表现他在路上看到的景色和遇到的事情,这里面的生活可丰富得很呐,有情有景,一幅生动的北方农村图画。

这段"趟马",盖老说,就是踩着这些生活创造的,他再把朱仝身上的帽子、褶子、袖子、胡子、带子和手中的鞭子都给用上,这样的舞蹈姿势就有更多变化了。所以,生活多么丰富,表演的身段就不断创造,关键在你是不是去找,是不是踩着生活去找。

盖老说,朱仝"趟马"时有句唱词"马嘶尘滚风声狂",这是一阵突然而来的狂风把马给惊了,马受惊昂首长嘶,突然止步,把前蹄高高掀起,使坐在马上的人差点儿给掀下来,不禁身子向后昂起,赶忙把马勒住,勒马提缰,使马不能再任意乱跑,可它不肯向前奔跑,而在原地打转,这时候,马上人必须拎转马头,猛抽一鞭强使马向前。这里,不同的生活,需要用不同的身段,把生活表演清楚,你演得清楚,观众就看得明白。你的一系列身段表演得干净,观众就觉得很美,"趟马"动作越是从生活中提炼创新,演员的表演就越能完美。所以,"趟马"的舞蹈动作一定要好看,好看就是要美,"趟马"必须讲究优美。

写到这里,我回想起多年前,盖老在上海演《洗浮山》时李少春看戏的一件轶事:

李少春对盖老的表演艺术非常赞赏,他连看《洗浮山》三场,一天换一个座位,今天前座,明天边厢,后天后座,他对别人说:"看盖老的戏,无论从哪个角度看都是美的。"这件轶事说明,前辈表演艺术家的舞台艺术何等的精湛优美,后学名家虚心求艺多么生动深刻。

后来,李少春主演《响马传》,他在《观阵》一折中边唱边演大段"趟马"舞蹈动作,就集中表现秦琼在探察敌人的阵地时,既沉着应对谨慎小心,又勇敢机智的英雄气概。这大段"趟马"舞蹈动作,同样是"踩着生活创造的",他把身上的帽子、褶子、袖子、胡子、带子和手中的鞭子都给用上,还外加脚上的靴子(厚底靴)和背上的两把锏,用得干净利落,毫不拖泥带水。每次演出,受到观众热情称赞,好评不断。

如今,《观阵》学演成功的甚多,北京的于魁智,天津的王平,上海的傅希如等京剧名家,屡演屡受赞誉,他们各领风骚,各显千秋,在秦琼《观阵》的"趟马"舞蹈动作中,表现敌阵的险恶,探察敌阵的艰辛,攻破敌阵的决心,用大段干净利落的"趟马"动作,刻画秦琼破阵的必胜信心,让观众真心实意地领悟到表演艺术的美感。

1962年早春二月,我和何、龚二位践约到杭州盖老的"燕南寄庐"做客,小住几日,这是我又一次聆听盖老深情谈戏说艺,每时每刻沉浸在美的享受之中。盖老的"燕南寄庐"面前是溪水潺潺的金沙港,庭院的四周绿树郁郁葱葱,"百忍堂"宽敞明亮,周边陈设各姿各态,后面有一块空地,是他晨练的场所。

晚饭后，盖老精神更加好，73岁的高龄了，还是兴致勃勃，深情健谈。他说，你们也许只知道我是武生演员，其实，早年我学过也演过花旦戏、老旦戏和老生戏。那时候学戏演戏是学戏不懂戏，演戏不知理。师傅怎么教，就怎么唱，演唱错了，也不知道错在哪里，还是照唱照演。后来，人长大了点，慢慢喜欢，回想师傅的口传心授，结合自己的学戏经历，加上生活的磨炼，在艺术琢磨上越琢磨越觉得这样的演法有问题。

就以《太白醉写》这戏为例，过去是这样演的——李太白在幕内倒板唱上："醉醺醺好一似琼林赴宴。"出场时，太白骑在马上，一手执马鞭，摇摇晃晃走到台上，举鞭向背后的马屁股上打了一鞭，接着左手握拳向胸前一收，表示勒住马缰，向台下亮相，瞪大了眼珠子唱道："勒住了龙驹马醉眼斜观……"

盖老接着说，李太白这些身段就有问题，他吃醉酒骑在马上，他脚步踉跄的身段，这不告诉观众，他醉了，连马也醉了吗？再说，他举鞭打马好准备开唱，可他又要勒马，既要打马，又勒住马不让它走，这不乱套了吗？还有，他瞪着眼珠子为的是向台下观众讨彩，可唱词却写的是"醉眼斜视"。李太白是位诗人，他一举一动既要飘逸潇洒，又要不失这位诗人的风格，这才合乎生活。

盖老从《太白醉写》联想到《武松打虎》。武松出场前在酒店喝了酒，醉意有点浓了，整个《打虎》戏里要表现武松的醉态。但是，他不是一般的"醉汉"，而是"带醉意的武松"，他是喝酒有经验，醉意中管得住自己。他是明知山上有虎，心中清楚，虽醉而不醉，酒醉心明白。他心里明白，老虎总要吃人，他注意戒备，心里想，不碰到老虎便罢，碰到非将它打死不可。明白了这几方面，盖老在台上心中就有准儿了。

夜宿"燕南寄庐",静夜中我回想盖老生动风趣而又精到深刻的谈戏说艺,心中感到无比的欣慰。一觉醒来,已是清晨时分,忽听后院传来"啪、啪"响声,赶忙起身,寻声而往,只见盖老正在后院空地聚精会神地练功。他先是徒手操拳,接着弄棒舞棍,再练单刀长枪,直练得汗流浃背才停歇。

盖老边擦汗边对我们说,基本功要常练、熟练,这就是对前人艺术成就的继承,但是,在继承的基础上又必须"化",光练而不"化",就会停滞不前,不能有所突破与发展。既不练,又不继承,却想"化",那是空谈。只有练熟了,才能"演活"艺术形象,取得艺术上的新发展。所以,要做到"闲时练,急时用",没有平时的勤学苦练,临场就不能得心应手。同时,还需要向生活学习,从生活中吸取新感受、新启发、新智慧。他说,有一次曾到杭州郊县去参观,看到农民放扁担的动作,轻松便捷,非常好看,就意识到过去演《白水滩》时用脚去勾扁担的动作,既笨拙又难看,就改为扁担搁在腿上,顺势滑下,这样更接近生活真实,又带有舞台的造型美。

那天下午,盖老对我们说,今天天气好,我带你们去一个地方看看。他带领我们来到西子湖畔丁家山,走过牌坊,踏上山坡,近前一看,原来是盖老的寿穴,墓碑上只有"艺人盖叫天墓"六个大字。盖老说,我不喜欢加上什么"京剧大师""京剧表演艺术家"等这些名称,我就是个艺人。艺人最本色,最符合实际,可成为一个艺人真不容易。经历过多少苦难,吃尽多少苦楚,受尽多少折磨,靠着不变的决心,立下雄心誓言,千锤百炼,才能成为一个艺人。人会老,但艺术不老,活到老,学到老。

何慢、龚义江二位老友,经过孜孜不倦的几年努力工作,记录整理盖老的舞台艺术经验,出版了盖叫天舞台艺术经验的《粉墨春秋》,他们为戏曲界,尤其为青年戏曲工作者踏踏实实地做了一件好事、实事。《粉墨春秋》对盖老的记录,十分真实,十分忠实,显示了盖老的形象。我希望,这本书能够得到青年戏剧工作者和其他读者的重视。"(刘厚生:《悼盖老》)

忽然,那一年,黑云压顶,祸国殃民的"四人帮"硬说这样一个艺人盖叫天,是"反动权威",是"戏霸",对他实施极其残酷的斗争。1966年杭州的夏天,38 ℃的高温下,年近80岁的盖老被一伙人装到一辆垃圾车上游斗。盖老发怒从车上纵身跳出,坚决抗议。但是他们人多势众,强把他扔到车上,这就使他腰椎骨折,不久又中风,半身不遂。这其间,这伙人对他的"燕南寄庐"做了一次毁灭性的抄家,把他和他的老伴还有一个孙女扫地出门,赶到一间不见阳光的、潮湿的破房里。1971年1月15日,盖老带着对"四人帮"的满腔愤怒含恨而死,终年83岁。他在丁家山的寿穴也遭到了严重破坏。

粉碎"四人帮"后,"燕南寄庐"重新装修,恢复原貌,成为西湖景区中一独特景点,向游人开放。丁家山上安卧盖老的坟墓也修复一新。1980年1月,由中国戏剧出版社出版的《粉墨春秋》(第一集),经增加了第二集稿件的内容后,重新出版,引起很大反响,不少演员尤其是青年演员相当重视,认真阅读。

清明节,龚义江专程到杭州去给盖老扫墓,一束鲜花安放墓前,龚义江说:"盖老,我看您来了。"墓地四周,落叶杂草甚多,龚义江找来一把扫帚,把墓地扫得清清爽爽,然后就在墓地休息,中午吃点自带的食品,他整整陪伴盖老一天,直到傍晚,他在墓前肃立致敬后说:"盖老,我回去了,以后再来看您。"

如今,何慢、龚义江二位老友都已先后离世,他们在记录整理盖老舞台艺术经验的年月中,营造出一种"师生、同志、朋友"的特殊关系。在这种关系中,他们可以无话不谈,有疑问当面请教,有问题一起商讨,一切都是为了记录工作的顺利进行。几年来,他们基本上是在不影响本职工作的情况下,利用业余时间和节假日进行记录工作,相当辛苦,但他们从无怨言,乐此不疲。

盖叫天病榻反思

1934年，京剧表演艺术家盖叫天正好47岁。可在他的演剧生活中发生了一件极其意外的事，这件突发的事故使他饱受了痛苦的折磨，他在痛苦中熬炼，他在折磨中思索。

盖叫天虽然成了名，但是日子并不好过。他在艺术上不愿随波逐流，在生活上不肯趋炎附势，在业务上要保持自己的独立价值。有这三条，在旧社会的上海滩，他受到剧场老板们的排斥。从1923年到1933年，他只能到江浙小码头作短期流动演出，他在困难的境遇中度过了十年光景。

在困守了十年以后的1934年5月，他终于得到了在上海演出的一次机会。在演出《武松》时，其中《狮子楼》一折，剧场老板为了争取观众，自作主张在舞台上搭了一座狮子楼。盖叫天事先并不知道。当戏开场，要更换已经来不及了，他只好硬着头皮把戏演下去。《狮子楼》中有武松与西门庆仇人相见的一场恶斗。在狮子楼上，西门庆不敌武松，他从楼上跃下，武松紧跟其后，正要跳楼，只见扮演西门庆的演员陈鹤峰，仍躺在地上不动，盖叫天怕砸着他，将身子向外用力一挺，避过了陈鹤峰的身体，可他却跌落在舞台延伸出去的水泥地上，只听得"喀嚓"一声,他的小腿骨折断了。他咬紧牙关,在台上亮了一个金鸡独立式的英雄相,他留给观众心目中依然是一个完美的英雄形象。

盖叫天腿骨折断后,经医生治疗,躺在病床上,长达八个月之久。在养伤的过程中,想到这次意外的事故,他虽然埋怨剧场老板,只为赚钱,不顾演员死活,可他从没有半点责怪饰演西门庆的演员陈鹤峰。他想起这些年来,为了争取新观众,他做了一些创新。从剧目到表演,为了"顺应时代",他尝试过机关布景、真刀真枪、真牛真马、魔术幻变,不断在演出上变换花样。

这样做究竟对不对?这样做到底算不算创新?盖叫天躺在病榻上,反复思考。他想起两件事:

一件是听上海大世界一位当稽查的老职工的一番话。

有一次,盖叫天到大世界去,这位老职工对盖叫天说:"您是唱戏的,这艺术还是艺术,戏还是戏,可不能用戏法魔术来代替,要是演戏又放电影,观众去看电影不更好吗?"

盖叫天问:"你喜不喜欢我的戏?"

老职工回答:"就因为爱看您的戏,我才不愿您在五彩灯光下发愣!"

想起老职工的一番话,盖叫天心头一怔,他反复琢磨,顿时大悟,他说:"我明白了,我还得从自己身上找玩艺儿,不能光靠真刀真枪、真牛真马,也不能靠五彩电灯泡,更不能弄魔术、放电影。观众的眼睛是雪亮的,你是真功夫,还是'洒狗血',观众心里是清清楚楚的。"

第二件事是,有位老行家对盖叫天说:"您什么都有了,就是缺少人物的个性。"

老行家的一句话，引起盖叫天的联想：近年来戏演了不少，有连台本戏，有机关布景，是够热闹的，可为什么戏里的人物这么多，观众总记不住？他们能记住武松、孙悟空、黄天霸、史文恭……可是花了功夫的有些戏里的人物，人家却记不住，论功夫，真刀真枪都搁在里面了，但看来都白费了。

这是为什么？盖叫天经过思索，想道：黄天霸就是黄天霸，谁也不像他，他也不像谁。人们提起盖叫天创造的人物，说真像活武松。他们并没见过武松，说"像"，为什么？因为人物有性格，人物有了个性，性格出来了，观众就记住了。

盖叫天病榻的反思，他肯定了自己的某些成就，但更看到自己走过的弯路，认清了艺术创造中的主要障碍，使他找到了走向更高层次的艺术途径。

盖叫天的这番反思，对当今的艺术家，尤其是中青年的演员们，会从中得到有益的启示。今天，不是还有些演员、有些编导艺术人员，热衷于铺排大场面、豪华服装布景、玩弄技巧魔术，却不在塑造人物、刻画性格、深化感情等上面下功夫，结果，耗资巨大，光彩迷人，热闹非凡，都没能让观众记住人物。这好比人物的躯体虽然有了，但是人物的灵魂却不见了，没有灵魂的人物躯体，只能永远被观众所遗忘。

我想，作为艺术家，应当像盖叫天那样，真诚地解剖自己，使自己的灵魂净化，思想纯真。

张骏祥执导《罗汉钱》纪实

每当我回想起新中国成立初期那些激动人心的日子,我的心里就会激情涌动,兴奋不已。

1951年5月5日,周恩来总理签署发布了《政务院关于戏曲改革工作的指示》,随后,上海戏曲界经过努力,通过创作、整理、改编,推出了一批新剧目,为参加由文化部举办的第一届全国戏曲观摩演出大会,作了积极的准备。

第一届全国戏曲会演,这是历史上空前的观摩演出活动。全国各地剧团都在全力以赴,推出最好的剧目、最好的演员、最好的舞台艺术,晋京汇报演出,以期获得好成绩,做出新贡献。

我清楚地记得,1952年,上海市文化局戏曲改进处创作研究室,倡议根据赵树理短篇小说《登记》,改编成沪剧《罗汉钱》,请人民沪剧团(上海沪剧院前身)资深编剧宗华、文牧、幸之执笔,由丁是娥、筱爱琴、解洪元、邵滨孙、石筱英主演,而且要求这个戏作为重点剧目,以最好的艺术质量成为参加第一届全国戏曲会演的演出剧目之一。

任务这么重,时间这么紧,要求又这么高,剧本虽然完成了,演员也安排定了,那么谁来导演《罗汉钱》呢?

戏改处的领导刘厚生想到了张骏祥。回想当年抗战期间，在重庆的中央青年剧社是由熊佛西和张骏祥主持的，刘厚生正是中央青年剧社的成员。现在，由刘厚生出面去请张骏祥来执导《罗汉钱》，这是最合适不过了。

说到张骏祥，我知道他的笔名叫袁俊，我在念中学的时候，阅读过他创作的话剧《万世师表》。后来，我观看了这个戏的舞台演出。他笔下塑造的一个对民族教育事业矢志不渝的老教授林桐的形象，给我深刻的教益。这个老教授的形象，倾注了作者对真正爱国的知识分子在艰难时世中的命运的深切关注和同情，反映了作者对现实生活认识的深入。作者投身抗日战争时期的话剧运动，以满腔爱国热忱，充分展示了他的艺术才华，以及细致深刻的创作风格。

抗战胜利后，张骏祥回到上海，投入电影界，导演《还乡日记》等电影，揭露国民党名为"接收"、实为劫收的恶劣行径。

新中国成立后，他一面担任繁重的行政、艺术领导工作，一面改编、导演电影《鸡毛信》《翠岗红旗》《淮上人家》《燎原》《白求恩》等优秀作品。他还撰写文章，强调电影的文学性，要体现文学价值。他主编的《中国电影大辞典》，填补了中国没有比较系统和完整的电影辞典的空白。

请这样一位在话剧界、电影界极有成就的前辈艺术家来执导沪剧《罗汉钱》，这在当年的上海戏曲界、当年的上海人民沪剧团，可以说是了不得的大事。

不过，虽然张骏祥愉快地接受了任务，认真阅读了《罗汉钱》剧本，这件"了不得的大事"开了头，但人们还是有两点担心，一是张骏祥未曾接触过沪剧，不知道是否适应；二是沪剧团的同志们能不能与张骏祥亲密合作。

就在一切准备工作切实做好、开始排演的第一天,没想到意外的事情发生了。

在沪剧团的排练厅,那天剧组原定排第一场"闹元宵",主要是舞龙灯等群众场面,丁是娥扮演的小飞蛾没什么戏,她的重头戏在第二场"回忆"。丁是娥趁这个空当到八仙桥去给剧组添办点衣料,再赶回来排戏,时间应该是绰绰有余的。

谁知张骏祥解读剧本以后,他认为把原小说从北方农村改为江南乡村,这一改增添了地方生活的亲和力,虽然第一场"闹元宵",舞龙灯、看灯会更加深江南农村的地方色彩,然而第二场"回忆",是全剧的重头戏,它是贯穿全剧的一条主线,描写了小飞蛾与艾艾母女两代人在恋爱婚姻问题上的不同遭遇,反映了广大劳动妇女为挣脱封建枷锁,对婚姻自主与美好生活的向往。"回忆"这场戏,就是表现小飞蛾捡到艾艾不慎失落的罗汉钱之后,勾起她往日的情思这样一场出情的重头戏。这场戏的主脑站住了,气势贯穿全剧就顺畅了。因此,张导决定第一场"闹元宵"挪后,先排重头戏"回忆"。

事情突然起了变化,剧团马上派人去找丁是娥。

排练厅里,剧组人员坐立不安地等待着,张导的脸上微露不快的神色。

团部的同志在八仙桥协大祥店里发现了丁是娥,她听来人一讲情况,心想,糟了,我违反了排演制度,更糟的是给张导的第一印象就不好。她红着脸,踏进排练厅,满脸羞愧地向张导做检讨。

张导和气地对丁是娥说:"你先定定心,情绪调节好,准备排'回忆'这场重头戏。"

稍事休息后，丁是娥请张导开始排戏。

张导想到丁是娥恐怕一时难以进入角色，心里作了粗粗排一下的打算。

可是出乎张导意料的是，一经正式排练，丁是娥和扮演艾艾的筱爱琴、扮演丈夫张木匠的解洪元，都十分投入，极其认真。尤其是丁是娥，当【反阴阳】的曲调过门响起，她以丰富的感情色彩，唱出："为了这个罗汉钱，甜酸苦辣都尝遍，二十年来辛酸事，不敢回想埋心底。"她眼里滚动着泪花，深沉感人的唱腔，妥帖地符合剧中人物的真实感情要求。这正是张导在分析剧本时启发演员所讲的要领。张导以"古井重波"四个字概括了"回忆"这场戏中小飞蛾的思想感情，以此确定小飞蛾的思想性格特征和整个戏的艺术风格。

使张导惊喜的是，丁是娥能够很快稳定情绪进入角色，准确理解人物的性格基调，掌握住"寓不平静于平静之中"这个戏核，使小飞蛾这个人物的情绪起伏和感情变化，得到了生动的体现。

原来张导脸上微露的不快神色，已经烟消云散了。张导由衷地赞赏丁是娥的表演才华。张导体会到，这是丁是娥几十年舞台艺术实践的结果，使她对角色的理解能力，对剧本主题的掌握，对剧本人物之间的交流，都能做到恰到好处，这种分寸感是很难掌握的，但她都做到了，而这恰恰是有的电影和话剧演员难以达到的艺术功力。

1952年10月17日，沪剧《罗汉钱》作为华东区代表参加第一届全国戏曲会演的演出剧目之一，在北京剧场首演，取得轰动效应，获剧本奖、演出奖，扮演小飞蛾的丁是娥和扮演五婶的石筱英分获演员一等奖，饰演张木匠的解洪元和扮演艾艾的筱爱琴分获演员二等奖。1956年，《罗汉钱》由上海电影制片厂拍摄成戏曲艺术片。

《罗汉钱》的演出成功，张导功不可没。他充分尊重戏曲演员的创造才能，以循循善诱、耐心细致的作风，从分析剧本、分析人物、分析剧中人物之间的关系入手，讲明戏核要领，启发演员们的创造性，提醒演员们不要脱离人物性格去做无谓的表演，要重视演出的整体性、完美性，而且要保持沪剧的艺术特色和善于表现现实生活的艺术优势。

《罗汉钱》是沪剧剧目建设中的一座里程碑，它为以后沪剧反映现实生活、编演现代戏，提供了经验教益。从《罗汉钱》到《芦荡火种》《红灯记》《赵一曼》《黄浦怒潮》《史红梅》《为奴隶的母亲》《清风歌》，直到当前的《挑山女人》，充分展示了沪剧反映现实生活的创作本能，一是"接地气"，二是"顺民心"。

这是沪剧艺术事业发展史上光辉的篇章，是值得沪剧界同志们引以为豪的业绩，尤其应当成为沪剧年轻一代演员们学习的重要课题，那就是，学习电影界、话剧界前辈艺术家们对沪剧的执着和挚爱，学习沪剧界老一辈表演艺术家们的敬业精神。

黄佐临：五十年梦想成真

读黄佐临同志的随笔《往事点滴》，我真是享受了一次精神美餐。虽说他只叙述了"往事"的"点滴"，但无论是"早年留学""剧团生涯"，还是"牛棚岁月"，通过他对生活、对艺术的叙述，让我感悟到一位德高望重的艺术家崇高的人格魅力。他在戏剧艺术世界驰骋数十年，导演了一百多台戏剧和多部电影，培养了众多知名的演员、导演和剧作家，却一直保持着质朴的性情，全然没有大师的架子。他为人、为艺、为文信崇一个"真"字。在"文革"中，有一次批斗他，造反派问："刘少奇请你吃过饭，你当时是怎么想的？"他回答："我感到很光荣。"尽管难免因此遭受痛苦折磨，却充分说明他"真"的本质。

佐临同志淡泊名利，生活低调，他年逾古稀常骑自行车往来于上海人民艺术剧院与家之间。后来，骑车不方便了，才换了电瓶车，悠然自得。戏剧名家黄宗江见此情景，深有感触，感叹之余得俳句一首，调寄京剧《失·空·斩》诸葛亮坐帐大引子：

鹤发童颜，电瓶车，稳似驾云；

虚实反掌，保剧场，当代功臣。

1985年，京沪两地举行"首届中国莎士比亚戏剧节"，引出了佐临同志多年的一个梦想：用中国最古老的戏曲剧种——昆曲，排演莎翁的悲剧《马克白》。

这个夙愿早在1935年，他在留英攻读莎士比亚戏剧专业时已经萌生了。

1955年，他曾邀请周信芳、俞振飞二位大师合作，将莎士比亚的著名悲剧搬上中国戏曲舞台。当时，周、俞二位欣然应允，可后来由于种种原因，最终未能实现。

这一次，1985年，为参加首届中国莎士比亚戏剧节，他，决意让梦想成真。决心已定，他约定与青年话剧团著名演员、导演李家耀合作，用昆剧排练《马克白》。

首先，要有剧本，请谁来改编？

佐临同志胸有成竹，他骑上电瓶车，带上李家耀，二人顶着刺骨寒风，来到昆剧剧作家郑拾风的家，请他改编成昆剧《马克白》(后来易名为《血手记》)，拾风同志欣然接受。这个戏由上海昆剧团著名演员计镇华、张静娴等主演。

排演之前，佐临同志在李家耀的工作手册扉页上写了如下题词：

正如大树虽然颓然倒下，
根脉却深深地埋扎，
从此新枝嫩叶又不断萌发，
在受人尊崇的莎士比亚沃土上，

今日又有一出新剧吐露芳华。

家耀和我共勉之
佐临 85 年 12 月 1 日

那是在排演之前的一个冬日，佐临同志把李家耀找去，在他家那间洒满阳光的书斋里，神情庄重地对家耀说："为参加将在京沪两地同时举行的'首届中国莎士比亚戏剧节'，我想用昆剧排演莎翁的《马克白》，因为我精力有限，希望你能担任这个戏的导演，我任艺术指导，你有可能和我一起探索吗？"

人们常说，有 100 台莎剧演出，就有 100 个莎士比亚，伟大的莎士比亚，跨越了遥远的时代和国家，鲜活地站在世界人民的面前。莎剧的演出，无论是原封不动地照本宣科，或者是千姿百态地改编改写；不管是传统的演出形式，或者是创新探索，都是"在受人尊崇的莎士比亚这棵大树倒下之后，在世界人民心中萌发出的艺术追求"。

李家耀满怀激情地接受了这项光荣而艰巨的任务，佐临同志就在李家耀的工作手册上写了上面这段题词。

他们在佐临同志的写字桌前相对而坐，四周满是书架和中外古今各类书籍。佐临同志说："我们先对马克白来个定点透视吧。"

"定点透视"是指《马克白》这个主人公一贯到底，观众的视角只有透过马克白一个人的眼睛来注视整个舞台人物和剧中事件的发展。人们目睹马克白的经历，感受到一个人在精神崩溃时可能产生的悲哀、怜悯和震惊，进而了解，构成这出悲剧的根本原因是，马克白感情中的善良成分和野心疯狂症之间的搏斗，他有崇高庄重的一面，是叱咤风云的名将，扭转乾坤的英雄，但又是杀人如麻、弑君篡位的罪人。

那么昆剧《血手记》中的马克白应该是什么形象、什么行当、什么扮相？佐临同志和李家耀想到，应当和上海昆剧团的同志们商量请教。昆剧团的同志们大都是久经中国古典戏曲文化熏陶、富有舞台实践经验的艺术家。经过共同研究，齐心推敲，从传统表演、行当程式中几经筛选，采取变形改造的方法，否定了铜锤勾脸的做法，选用了近似"红生"的扮相，使观众通过脸谱，比较清楚地觉察到角色感情的细微变化。昆剧《血手记》排演的宗旨，是为了向中国人民介绍莎士比亚，向英国人民介绍中国民族文化艺术，全剧不用实景，仅以黑幕、平台以及由平台组成的高台构成写意的典型环境。总之，昆剧《血手记》是以中国戏曲丰富的表现手段，准确体现莎翁剧作的精神内涵。

昆剧《血手记》中的三个女巫，应当归什么行当，怎样扮相？中国传统戏曲艺术大师都是按照程式手段与戏曲的写意本质相融合，通过"动于衷，形于外"的写意手法，借助"四功""五法"的程式技术从事角色创造的。"关键在于运用特定的程式时，是否赋予特定的内容。"佐临同志根据导演和演员们的建议，反复推敲后，选定了三个女巫的舞台形象，采用一高两矮的奇特人物，她们都是两面人，面部油彩化妆，脑后挂上面具，当她们转过身来，观众看到的是前后两张完全不同的美与丑、善与恶反差极大的脸。她们既有传统戏中常见的小鬼影子，又吸取某些彩旦行当的特色，既用传统矮子步，又看到民间庙会踩高跷的外形。这三个女巫的造型，不是现实生活的写照，而是根据莎士比亚笔下的精神，按照中国传统戏曲的内外部特征演化出来的综合体，体现了佐临同志要求的变客观生活形象之形，传其神韵的中国戏曲的写意性，运用"演人不演行"，把握戏情戏理，抓住写意性本质。佐临同志还鼓励大家，大胆调动程式手段、各种"绝活儿"，去体现"昆味"，化出"莎味"的精神，为表现莎剧中特定人物服务。

昆剧《血手记》从分场细排、连排，直到响排、彩排，佐临同志总是提醒大家，不要忘记"面对今天的观众演戏"，再三敦促："戏要卫生，不宜过长。""要着力把握时代节奏，尊重观众欣赏心理。"并且提出，在排演全过程中，求助于昆剧艺术家，特别是昆剧前辈的指点意见尤其重要。郑传鉴老师在这方面做了很多工作，俞振飞同志更是关怀备至，连排、响排、彩排、演出他们都来看。俞老看了排演后说："排演很成功，戏也紧凑，吸引人。这种实验是很好的，让我们感到既是莎士比亚的，又是我们熟悉的昆剧艺术。昆剧需要改革，多少年我就希望从事这样的改革，所以看这出戏我特别高兴。"

昆剧《血手记》经过通力合作、融合、磨炼，终于在1986年"中国首届莎士比亚戏剧节"演出了，引发了不同层面观众的思考和想象，尤其受到文化界年轻朋友的欢迎。

1987年8月25日晚上，在苏格兰首府爱丁堡的里斯剧院，中国上海昆剧团的艺术家们，在已经历时四十一届具有世界影响的"爱丁堡国际艺术节"上，首次演出根据莎士比亚著名悲剧改编的昆剧《血手记》。

首场演出结束时，李家耀同志是这样描写的：

"当舞台灯光渐渐收拢，骤然全场一千多人响起雷鸣般的掌声，演员们不停地谢幕，观众欢呼雀跃，中国马克白的扮演者计镇华率先喊出千言万语中最激情的第一声：'莎士比亚——中国昆剧！'于是舞台上下'莎士比亚——中国昆剧！''莎士比亚——中国昆剧！'的欢呼声连成一片。英国卡迪夫剧团艺术总监高夫先生过来拉着我的手，连声祝贺：演出太成功了，太好了！他像是透视了我的心，满怀激情地说：'我会把成功的盛况马上电传给艺术指导黄佐临先生，让他分享这一切的。'"

英国剧评家弗纳·霍尔在《每日电讯报》著文说："昆剧《血手记》获得可喜的成功，演出既迷人又感人，而且令人惊异地看到了演出者对莎翁原作精神的忠实，尽管演出是具有异国情调的。五十年前，该剧的艺术指导黄佐临先生在剑桥大学研究莎士比亚后就认识到，在伊丽莎白女王一世时代的戏剧，与中国古老的昆剧之间有许多相似之处，并建议应该用昆剧的形式表演莎剧。"

这激动的时刻，经过五十年的悠悠岁月，终于到来。

佐临同志五十年来的梦想，终于成真。

杨村彬执导《蔡文姬》

杨村彬同志，在话剧界、戏曲界是一位以创作态度严谨，力求真实深刻地反映生活并有创造性的现实主义艺术家。他在从事话剧艺术之外，还涉足京剧、昆剧、沪剧、歌剧等剧种，导演了《杨门女将》《墙头马上》《烂柯山》《潘金莲》等优秀戏曲剧目。他又是一位剧作家，《清宫外史》是他的传世之作。他编写的电影剧本《火烧圆明园》《垂帘听政》《两宫皇太后》，影响颇大。

杨村彬同志素以作品清新、流畅、精炼，具有较高的艺术品位和浓郁的民族风格，受到人们的赞誉。

由他导演昆剧《蔡文姬》，这是最理想的人选，也是上海昆剧团最称心的合作者。

上海昆剧团的《蔡文姬》根据郭沫若同名话剧改编，是一出具有浓厚诗情画意的民族团结的赞歌。

杨村彬同志首先考虑的是，这样以歌颂民族团结又富于诗情画意的古典题材，用昆剧艺术形式来表现，就应当追求历史感与昆剧传统表演风格相结合，使整个演出具有古朴凝重、气势恢宏、意境深远的特点。

从这个特点出发，杨导以丰富的历史知识和对昆剧艺术的深刻了解，他对人物的诠释，对表演基调的要求，对舞美设计的构想，对演员服装的穿戴，以及全场结尾，如何使综合艺术达到整体完美和谐的境界，他都细致设想，精心安排，匠心独运，力求达到以景写情、情景交融、重在写意，以秦砖、汉瓦古朴凝重的特征作为依据，营造出一幅幅时空自由的戏剧情境。

杨导要求角色穿扮为宽袖大袍结合水袖，老生不戴髯口，采用粘胡子的方式以接近生活。大幕纹饰、道具造型、衣帽头饰，都要体现东汉末年特有的文化气息。

谈到布景装置，杨导要求虚实结合，留出广阔表演区，适应戏曲表演的特殊要求，整个舞台形象具有较高的艺术格调。

在音乐上，杨导要求把胡笳琴曲引入昆曲，蔡文姬、曹操等主要人物采用主旋律，这一新手法的采用，有利于促使传统昆剧音乐曲调的发展。

对人物的诠释和表演的基调要求，杨导说，蔡文姬是饱经沧桑的一代才女，用传统的正旦演法，不能表现其气度，要求表演借用小生的步法与身段。曹操是政治家、军事家，又是文学家，既严肃威武，又诙谐洒脱。因此，要求在老生行当的基础上，结合花脸的表演方法。

杨导以第六场曹操第一次出场亮相为例，启发演员在披阅《胡笳十八拍》时，借鉴关羽夜读《春秋》的造型，同时念白吸收花脸的用嗓发声。

第三场"饯宴"结尾为一人大场面的调度。在"情切切的系人柳枝，恨绵绵的离人悲泣"的幕后合唱声中，众人列队相送，蔡文姬步步艰难，徐徐前行。这时候台上官员、兵士、宫女各类角色多达40余人，杨导采用戏曲"蛇脱壳"的龙套队形，使满台皆动，给人以千军万马逶迤行进的感觉。

昆剧《蔡文姬》演出后，颇多好评。1979年获上海市文化局创作演出奖、文化部演出奖。

1979年2月13日，昆剧《蔡文姬》剧组赴京参加献礼剧目调演。我随团前行，在北京演出时受到不少名家艺术家的赞赏。对华文漪饰演的蔡文姬、计镇华饰演的曹操，好评良多。曾任中国戏剧家协会主席的曹禺称上海昆剧团是"第一流的剧目，第一流的演员，第一流的演出，第一流的剧团"。

杨导执导的《蔡文姬》，在上海昆剧团的剧目建设中，具有举足轻重的地位。这个戏演出的成功，杨导功不可没。杨导以严谨的作风，尊重戏曲传统艺术的态度，又富于创造性的艺术构思，和上海昆剧团的同志们通力合作，相互团结交流，互尊互敬，取得了满意的成效。而其中不可忽视的一个方面，就是杨导对传统戏曲艺术形式的熟练运用，才有可能达到得心应手的艺术效果。

辑二

谢晋心目中的尹桂芳大姐

我去过浙江新昌,新昌古称剡东,这里风景秀丽,人杰地灵。在这片秀水灵山之间,孕育了众多的文人学士,也为无数名家尽情抒怀放歌。

越剧表演艺术家尹桂芳就出生在仅有 20 多户村民的新昌县磕下村小龙潭。一条溪水从尹桂芳家的前面流过,竹林环抱,屋前一棵枝繁叶茂的老桂树,每逢中秋,桂花盛开,这是童年时代尹桂芳最感欢欣的乐园。

可是,那年代,新昌人多耕地少,农民多有破产,好多人家不得不靠卖艺为生。尹桂芳走上了学艺的道路,长期在浙江各地演唱,直到 1939 年进入上海。原来她学艺时的艺名叫尹喜花,她总觉得很不满意。后来,有人帮她起了个尹云峰的艺名,说这个名字好听,可她觉得有点像男演员的名字,而且也没给她带来什么好运气。她想起老家屋前那棵百年桂花树,老桂树旺盛的生命力,使她对生活充满勇气,她就给自己取名桂芳。

谢晋的老家是浙江上虞,离新昌不太远。他出生在越剧的故乡,从小爱看社戏,接触越剧与绍兴大班,受其熏陶,他是越剧的资深知音。虽然后来他从事电影事业，但是他对越剧始终情有独钟。

谢晋和以尹桂芳为团长的芳华越剧团有着难能可贵的缘分，而芳华越剧团在艰苦的历程中，也多亏了谢晋的无私帮助和支持。

新中国成立不久，尹桂芳在上海重组芳华越剧团，并设立了剧务部，这是尹桂芳思想开放的表现。剧务部的成员有三类：一是原有的越剧编导；二是电影界的编导；三是新吸收的社会人士。这说明尹桂芳的思路比较开阔，把剧务部看作剧目创作演出的灵魂。芳华越剧团当时的剧务部成员是：陈曼、司徒阳（原有编导）、谢晋、黄祖模、应云卫（电影编导）、冯允庄（苏青，社会人士）。尤其是吸收冯允庄参加剧务部，可以看出尹桂芳的宽容和魄力。冯允庄参加戏曲编剧培训班结业后，有些剧团不想用她，思想有顾虑，尹桂芳敢用，因为"用人不疑，疑人不用"。后来冯允庄不负众望编写了一些剧目，其中《红楼梦》(《宝玉与黛玉》)与《屈原》两出戏，广得好评，多次得奖。

剧务部成了芳华越剧团的主心骨和智囊团。1951年夏天，"芳华"准备在丽都大戏院演出，但缺少当家花旦，又没有好剧本，而与剧场的合约已经签订，演出日期也排定。如果到时候演出不了，严重的后果谁也担当不起，尹桂芳遇到了演剧生涯中最困难的时刻。

谢晋和电影界的朋友们闻讯，义不容辞地赶来助阵，献计献策。采取全力自救的方针，请人赶写适合剧团的剧本，把剧团里的青年花旦李金凤大胆提拔，顶上去当头肩花旦，剧务部通力合作，全力以赴，按合约计划如期开演。

在共渡难关的日子里，谢晋聆听了尹桂芳倾吐演剧生涯中酸甜苦辣的经历和体验。她出生在贫苦的农家，早年为了谋求生路去学戏，颠沛流离的生活，动荡不宁的岁月，磨炼了她的意志，养成了她吃苦耐劳的品行。特别是从1934年到1940年，她和竺水招（当时是头肩花旦）三次同台演出的经历，令她终生难忘。淞沪抗战爆发，尹桂芳和竺水招从上海回到浙江家乡，在黄岩再度合作演出。当地恶霸以"演唱淫曲，有伤风化"的"罪名"，将她们关押起来，40天的铁窗生活，她们尝到了人间的苦难，看到了社会的黑暗，这冤狱加深了她们的姐妹情谊。她们出狱的那一天，两人到城隍庙焚香祭拜，结为金兰，她们既是生活中的难友，又是舞台上的姐妹。

尹桂芳诉说的往事，给谢晋提供了大量在越剧界也鲜为人知的生活素材和形象资料，为他后来创作导演反映越剧从乡村到城市发展过程的电影《舞台姐妹》提供了素材，而且作为《舞台姐妹》中主要生活原型之一的尹桂芳本人，也极大地引发了谢晋的创作热情和艺术灵感，影片中那句"清清白白做人，认认真真唱戏"，其实正是尹桂芳最真实、最生动的写照。

在谢晋的眼里，尹桂芳聘请文化人建立剧务部，实行编导制，着手越剧改革，一改过去只向京剧、绍剧学习借鉴的路子，打开眼界，放开脚步，从电影、话剧等表演艺术中吸收养料，使越剧的面貌焕然一新。正如袁雪芬同志所说："尹桂芳走过漫长曲折的道路，她的艺术经历在某种意义上可以看成女子越剧发祥、发展、兴盛的历史缩影。她德高望重，在越剧界和越剧爱好者中很有威信，我们都尊称她为'大姐'。称她'大姐'，不仅因为她在我们这一代越剧演员中年龄最大，学戏最早，更由于她积极投身于越剧改革，在艺术上不断创新，独树一帜，精益求精，对越剧的发展、繁荣作出了不可磨灭的贡献。"

在谢晋的眼里，尹桂芳给人的印象，可以用"平易近人，和蔼可亲"概括，但不全面。她，平易之中有高洁，和蔼之中有执着，她为人勇中有刚，做事果断，有胆有识。

尹桂芳攻坚克难，突破条条框框，成功演出《屈原》，这也成为了谢晋心目中感人的难忘盛事。

1953年，是屈原逝世2230年的纪念，中国青年艺术剧院演出了由郭沫若编剧，陈鲤庭导演，赵丹、白杨主演的话剧《屈原》。

尹桂芳得知这个信息，了解了屈原的高尚品德和爱国情怀后，果断地说："越剧可不能老演才子佳人，要有新的突破，应当上演思想性强，教育意义深的好戏。"她对全体剧团人员作了动员，投入前期准备工作，郑重宣布要演《屈原》。谢晋等同志全力支持，建议尹桂芳带领主创人员去北京观摩话剧《屈原》，向赵丹、白杨请教学习。

尹桂芳一行看了话剧《屈原》后，赵丹对尹桂芳要演屈原深表敬佩，他告诉尹桂芳："屈原是个章明法度、爱国护民、具有远大政治抱负的伟大政治家、爱国诗人，我非常喜欢这个角色。为了演好戏，我提前半年作了准备，查阅有关屈原和他生活时代的资料，反复揣摩剧本，细心体验屈原的思想、境遇、气质和风度……"

回到上海，尹桂芳请谢晋、应云卫、陈鲤庭、郑君里等介绍屈原的事迹，深入领会伟大爱国诗人的品质和情操。在"芳华"全团人员的努力和电影界艺术家们的帮助下，越剧《屈原》在丽都大戏院首演。

1954年9月，在上海举办华东五省一市的戏曲观摩演出大会。尹桂芳为了参加这次会演，对《屈原》作了加工提高，她请陈鲤庭和赵丹担任艺术指导，陈歌辛担任音乐指导，并请姐妹越剧团的名演员戚雅仙、商芳臣、许瑞春、胡少鹏分饰重要角色，当时人称这次演出阵容为"十大红星一台戏"。越剧《屈原》吸引了众多戏剧界、电影界的艺术家前来观看。

俞振飞观看了尹桂芳的《屈原》后说:"《屈原》一剧,格调高超,刻画我国第一大诗人之豪放、潇洒、诗情、才略、抱负、孤愤、忠贞,至惟妙惟肖,观之者几无不一掬同情之泪,可见其表演艺术魅力之深,像这样的演员,可算得我辈中天才。"

周信芳那天与傅全香同座看戏,当尹桂芳一出场,他便全神贯注,看完《天问》,他按捺不住,对傅全香说:"想不到尹桂芳竟有这一招。"

赵丹看完戏对尹桂芳说:"你演得比我好。"

从尹桂芳解答观众的疑问所写《我演屈原》文章中,谢晋领会尹大姐饰演屈原的心路历程,虚怀若谷的大家风范,她写道:"我演屈原,自己很担心,只怕这个尝试是太大胆了。记得去年十月,我们专程到北京去观摩话剧《屈原》的时候,田汉先生听我们说明来意后,第一句话就说:'你们的勇气可不小啊!'从那时起,我就一直担心到现在——我将如何演屈原呢?赵丹饰演屈原,演技精湛,令人敬佩,但话剧与戏曲毕竟有所不同,他叫我不要专门注意他的动作,重要的是体会内心表现,这又是多么困难的一件事情!"

1955年6月,"芳华"带着《屈原》与《宝玉和黛玉》晋京演出,引起首都戏剧界和越剧爱好者的关注。田汉以文化部艺术局局长的名义为"芳华"的演出召开专题座谈会,田汉说:"尹桂芳同志,作为一个越剧女小生,对自己所扮演的角色不仅深有体验,富有激情,而且又能运用自己高超的演剧技艺充分表现出来,表现得准确、生动、感人,这是极不容易,非常难得的。"

四年以后,"芳华"接受了一项重大任务,尹桂芳的演剧生活由此发生重大的变迁,这也使得谢晋对尹桂芳大姐的人品敬佩有加,慨叹不已。

上世纪50年代，有一次，上海越剧院和南京市越剧团到福建前线慰问演出，其后前线官兵纷纷要求上海派一个优秀越剧团到福建落户，能够经常到前线演出。上海市文化局领导考虑再三决定派"芳华"去福建。尹桂芳是好样的，她说："世界上最有价值的是事业，而不是金钱。"当国家和人民需要的时候，她毅然决然地放弃上海优厚的生活条件，奔赴福建前线。在她的带头影响下，"芳华"全团63人，连同家属100多人，从动员到出发，仅仅用了10天时间，做到了"哪里需要到哪里去，哪里需要哪安家"。1959年1月，"芳华"告别上海，落户福建，改名为福州市芳华越剧团。

尹桂芳率领全团同志，克服了种种常人难以想象的困难，坚持走改革发展的道路，从福建当地生活和兄弟剧种的艺术中汲取营养，创作演出受当地人民喜爱的剧目，把越剧的种子撒遍八闽大地。

谢晋心目中的尹桂芳大姐的形象越来越真挚，越来越亲切。她，作为芳华越剧团的创建者，始终和全团同志患难与共，甘苦同尝，团结合作；她常年勤奋苦学，努力投入艺术实践，不仅从越剧传统中吸取精华，还向兄弟剧种广采博取，以提高自己的艺术素养和表演技艺。谢晋以诚挚激动的心情，称尹桂芳大姐是一位"芳洁脱俗、锐意创新的了不起的越剧表演艺术家"。

2014年是谢晋诞辰91周年、尹桂芳诞辰95周年。一条滚滚流淌的曹娥江，孕育着出生在上虞和新昌的两位电影与戏曲艺术家。《谢晋心目中的尹桂芳大姐》，从几个方面阐述了谢导与尹大姐的人品和艺德，旨在缅怀和敬仰这两位同样"了不起"的艺术家。我，真诚地颂扬他们。

袁雪芬演《祥林嫂》

越剧《祥林嫂》被袁雪芬说成是"值得花毕生精力塑造的艺术形象"。一个剧种、一个剧团中的演员值得花毕生精力去塑造的艺术形象,并不多见,但也不是绝无仅有。

越剧《祥林嫂》的上演,被誉为上世纪40年代越剧改革的里程碑,决不是偶然的。

越剧《祥林嫂》出现在上海舞台上,是在当时的历史条件与时代背景影响下产生的。40年代的上海滩,正进入一个灰暗的时期,日寇侵入租界,上海已成"孤岛",一面是汉奸特务横行,发国难财的投机商人,醉生梦死,畸形繁荣,追求荒淫无耻的生活;一面是劳苦大众挣扎于饥饿死亡线上,为摆脱这种非人的命运而斗争着。

在文艺舞台上,出现两种截然不同的现象,一种是迎合社会需要,搬演色情坏戏,弄得乌烟瘴气;另一种是有正义感的文化人,编演《夜上海》《正气歌》《徽钦二帝》《明末遗恨》等歌颂民族正气的好戏,表现了中国人民的气节和不屈不挠的精神。

就在这个时刻,就在这样的环境里,当袁雪芬观看了话剧《正气歌》,她看到文天祥在狱中高声吟诵:"人生自古谁无死,留取丹心照汗青"的时候,她感悟到,在那样的年代和那样的社会环境里,她应当做文天祥那样的人,要演《正气歌》那样的戏。

于是,袁雪芬想到要演《正气歌》那样的戏,就得改变她所从事的越剧现状。她削减自己的包银,用节省下来的钱建立包括编、导、音、美在内的剧务部,同时聘请新文艺工作者加入剧团,用新鲜的血液,一扫旧戏班内的种种陋规习气,竭力向追求进步的正规剧团组织靠拢,首先把剧团上演剧目的选择权,掌握在自己手中。

由于有1942年开始的一系列改革,雪声剧团面貌一新,于是才有可能出现1946年《祥林嫂》的出演。

1942年的越剧改革发展,为越剧走向进步扫除了障碍,而1946年越剧《祥林嫂》上演,为越剧艺术建设树立了里程碑。

1946年3月,雪声剧团剧务部的负责人南薇,在上海明星大戏院后台的化妆间里,向正在改装的袁雪芬推荐鲁迅的小说《祝福》。南薇的意图很明白,是想建议把《祝福》改编为越剧。这个比较大胆的建议,居然得到了袁雪芬的肯定,尽管当时袁雪芬只是听说有鲁迅其人,而并不知道鲁迅思想的伟大和作品的深刻内涵。能让袁雪芬下决心着手改编的一个主要原因是,袁雪芬从小也曾听说过类似祥林嫂这样的遭遇,而且引起她强烈的同情心。改编《祝福》就是要使社会上类似祥林嫂这样的苦情消失绝迹。

剧团内部取得意见一致以后,想到改编鲁迅的小说为越剧,必然会对情节有所增删,这就有必要征求鲁迅夫人许广平的意见。于是,袁雪芬等在朋友的陪同下,去拜访了许广平。

在许广平先生的支持下,雪声剧团克服了困难,根据鲁迅名著《祝福》改编的越剧《祥林嫂》,在1946年5月6目的明星大戏院招待文化界人士隆重演出，出席观摩的由许广平邀请的有田汉、洪深、史东山、佐临、费穆、张骏祥、欧阳山尊、李健吾、白杨、丁聪、张光宇、胡风等。演出结束后，许广平亲自到后台祝贺演出成功。当时，一些报纸纷纷发表消息和评论，有的说："《祥林嫂》应该不仅是雪声剧团，而且是整个越剧界的一座里程碑。"

1946年《祥林嫂》演出虽然取得了成功，也得到了好评，但是剧本仍有不尽如人意的地方，有些情节并不能忠实地体现鲁迅原著的精神（如牛少爷与祥林嫂青梅竹马的情节等），剧本仍需要加工修改。

到了1956年，为了纪念鲁迅逝世20周年，《祥林嫂》作了全新修改，由吴琛、庄志、张桂凤、袁雪芬组成创作集体，进行重新改编创作。

这次修改加工，使整个戏较好地体现了鲁迅原著精神，成功地塑造了祥林嫂这个典型的艺术形象，全剧演出具有鲜明的时代风貌和浓郁的乡土气息。但是，在艺术处理上还存在不够戏曲化的问题。

于是，1962年又对《祥林嫂》作了一次较大的艺术加工，全剧结构由分幕制改为分场制，重点是更具有戏曲化，用戏曲的唱、念、做的功能，深入表现原著精神，从原著在柳妈的地狱之说后面，鲁迅对祥林嫂作了这样的描写："她当时并不回答什么话，但大约非常苦闷了，第二天早上起来的时候，两眼上便都围着大黑圈。"这一笔，恰恰是挖掘祥林嫂内心痛苦的所在，如果把内心苦痛形神合一地体现在舞台上，使观众看到并且感受到祥林嫂精神上被煎熬的现状，这样对体现原著精神就会更有感染力。于是，就增设了"厨房"一场戏，把祥林嫂被神权折磨所受的内心痛苦，用戏曲的唱功和做功生动形象地体现出来。

袁雪芬在"厨房"这场戏中，把祥林嫂听信柳妈灵魂与地狱之说后复杂的心理比较酣畅地表现出来，用凄苦惶恐的声调，倾诉祥林嫂的内心痛苦。袁雪芬的表演是相当精彩的，她的表演，进一步揭示夫权、族权、政权和神权对祥林嫂所产生的威慑作用，以致使她的心灵受到巨大的创伤，造成精神恍惚，疑虑重重而恐惧万分。最后，为了解脱罪孽，取得劳动的权利，她又听信柳妈的话，决定倾她劳动所得去土地庙捐条门槛，来赎清她的罪名。整场戏的气氛是使人们感到压抑、难受而又悲叹不止。袁雪芬的表演使观众信服，因为她的形体动作，在生活化的基础上吸收溶化传统的表演身段，达到了生活的真实和艺术的真实的和谐统一，使演出的思想性和艺术性都达到了较高的水平。

和鲁迅同乡的小说家魏金枝先生看了《祥林嫂》后，写文章说："越剧《祥林嫂》的改编，因为它有机会吸取电影《祝福》的长处，更重要的是利用戏曲这一表现形式的特点，从最近这次演出的效果来看，确乎已经比电影《祝福》更深地体现了原作的主题思想。"

1977年，越剧《祥林嫂》以男女合演的形式进行了排演，由袁雪芬、金采风分饰祥林嫂，史济华饰贺老六。经过这样不断修改、加工，这个戏逐渐完善、提高，它已经成为上海越剧院的优秀保留剧目。全国兄弟剧种剧团，到上海越剧院学习和移植这个戏的有70多家。

戏剧家沈西蒙、漠雁观看《祥林嫂》后著文说："在艺术上，她也是不可多得的一出好戏。她剧本好、导演好、表演好、音乐好、舞美好。整个演出像一部和谐的乐章，给人的艺术感受是强烈的、深远的。"

我欣赏这个戏，尤其欣赏最后一场戏"问苍天"。这是除夕之夜，在鲁府门前。天上下着鹅毛大雪。远处传来锣鼓鞭炮声……白发披肩，形容枯瘦，目光呆滞的祥林嫂一手拄竹竿，一手挎竹篮。她历尽人间悲苦，像一支残烛在风雪中摇曳。袁雪芬用【弦下调·慢板】唱腔，倾诉了祥林嫂的一生，然后她问苍天，向人间发问，结果在"苍天不开言……人间也无言……半信半疑难自解，似梦似醒离人间"的幕后伴唱中，祥林嫂渐渐地倒毙在风雪之中。

袁雪芬的表演是到位的，戏是十分感人的。

拜访刘厚生

2010年以来，刘厚生同志由于年纪大了，身体不太好，不能像以往那样往返京沪两地，积极参与上海戏曲界的重要活动。有一年，他竟连续五次来上海。是啊，上海是他的"老家"，上海戏曲界的老同志常在想念他，年轻一辈演员也知道他是戏剧评论家，一位敬业爱艺、宽厚待人的长者。

有一次，我和厚生同志通电话，他问：你有可能来北京吗？我立即领会，他心里常挂着上海，我一定得去拜访他。

2013年6月19日，我带了无锡阳山水蜜桃、上海的蟹壳黄、黄山毛峰走进了北京厚生同志的家。四年不见，他瘦多了，腰更弯了。可他说，人虽瘦，脑子好，耳不聋，胃口健，还能慢慢写点东西，前几天写上海昆大班的稿子，现在正在写纪念程砚秋的文章。2014年是程先生110周年诞辰，感觉不热闹。程砚秋还是一位名副其实的戏曲教育家，一位世界进步文化的追求者。抗战时期，他拒绝为敌伪演出，退出舞台，坚持民族气节。对于这样一位为戏曲艺术事业作出卓越贡献的艺术家，我们要怀念他、学习他，不可淡忘他。我看到桌面稿纸上放着一支笔，正是写程砚秋的文章。刘老对我说，你要吃热的有茶，想喝冷的有农夫山泉。

　　厚生同志谈到写文章，他说，虽然现在不开会不看戏了，但是对戏曲界的事，还是关心又着急。比如社会上的浪费现象，正是极大的误国误民行为。可是，我们疾言厉色批评一盒月饼几千元，一桌年夜饭几万元时，却又在欢呼GDP的增长，这岂不是同时在表扬浪费？因此，他撰写了《浪费难道也是贡献？》(载2011年1月14日《文汇报》)。其实经济方面的浪费之外，他认为人的浪费、时间的浪费、空间的浪费、会议活动的浪费等，还大有探讨之必要。这几年来，他感到有一种"晚会流行病"现象在发展。他想写，但又不想写。可是骨鲠在喉不吐不快，最后还是写了。他举晚会歌唱节目，伴舞搞"人海战术"，喧宾夺主，花里胡哨的布景灯光，只能制造视觉疲劳和欣赏距离；由儿童表演的节目分量越来越重，出现了专题考场的儿童才艺比赛，要他们去争掌声、显本领，可能伤害儿童，甚至影响其一生。他诚恳地表示，希望各种综艺晚会，无论表演者、主持人，还是组织者、导演、舞台设计家等，都有责任不断地为避流俗，推陈出新，精益求精。(见《晚会病了吗》，载2014年4月17日《文化报》。)

　　厚生同志生活上一贯简单朴素。那天我去拜访他，他穿的是那件熟悉的旧衬衫，他舍不得买新衣服。钟点工一星期只来一次，主要是打扫卫生洗洗衣服。大家劝他让钟点工多来几天，帮做饭菜，他说用不着，没必要花那些钱，吃饭很方便，一个电话，菜馆按时送菜饭上门。他说，老年人生活简单得很，没那么多需求。他现在最大的愿望，一是再看点自己想看的书，写点自己想写的文章，二是脑子别糊涂，有空背古诗，一遍、十遍反复背，记住了，再换新的古诗。每天早晚自我按摩、梳头、揪耳朵，保护思维能力。按摩"风池"穴位，二十多年来从未伤风感冒。

厚生同志坚守节俭简朴的生活准则,但是对帮助别人、对社会公益,他都慷慨大方。玉树等地发生地震,他和他老伴的捐款是本单位排在第一位的。2011年,他和老伴把毕生积蓄50万元捐给中国剧协,给青年同志办个图书馆。他告诉我,自己到了这个岁数,得安排好自己的后事,否则将来给别人添麻烦。他陆续把藏书分批赠送给别人,让图书发挥一些作用。安排后事,对有些人是个忌讳的话题,他却那么平和、淡定。那天,我向厚生同志告别,他拄着拐杖送我到电梯口,又是以平和淡定的语气说:也许这是最后一次见面吧。我立即说,不可能,我还会来看你。他笑了:好啊,欢迎你来。

厚生同志是江苏镇江人,1921年1月出生于北京,1931年移居上海。那时候,上海话剧演出频繁,他是话剧迷。因为迷话剧,1937年考入南京国立戏剧专科学校,成为第三届的话剧学员。有意思的是后来成为他老伴的傅惠珍,当时是同校第四届同学。前几年厚生同志和傅老师(我们爱这样称呼她)一起到上海来看戏、座谈,傅老师说起这样一件往事:当年,厚生同志对傅老师有好感,但总没什么表示,话也不多说,两人常见面,相对默默一笑,千言万语尽在一笑之中。直到有一次,傅老师对他说:你愿意上我家去见我的父母亲吗?厚生同志一口答应,他们的关系敲定下来。有趣的是,傅老师有声有色地讲述这段定亲的往事,厚生同志却显得若无其事的神态安然。

1940年,厚生同志毕业后在重庆、成都、上海、台湾等地从事话剧工作,当过演员、导演、剧务、剧团领导和剧刊编辑。上海解放前,他到雪声剧团当导演,这是他出身话剧、转向搞戏曲工作的开始。上海解放后,他到市文化局从事戏曲改革工作,深入角色,同戏曲界人士亲密接触，认真学习，看戏、讨论、写评论文章，从市文化局到上海剧协，再调中国剧协，他坚持虚心学习，勤奋工作，诚恳待人，成为实至名归的戏剧评论家，是我敬重和学习的师尊。

有人称厚生同志是"以看戏为职业的人"。他主要看戏曲演出，在上海看，到全国各地去看，"出门看戏，回家看书写文章"，他对戏曲的执着热爱，可以从他对昆剧的关爱看出来。他从介绍昆剧历史、昆剧作家、演员、"传"字辈导师、昆剧振兴、昆剧好戏等多方面，向有关部门呼吁，向社会推荐，向广大观众宣传，向媒体推介，一片热忱，令人感动。

厚生同志盛赞《骆驼祥子》在京剧舞台上塑造了一个从未有过的新鲜而丰满的形象，是一次盛大的成功。这个戏的感染力在于观众看了没有一句豪言壮语的《骆驼祥子》，会明白中国革命何等必要。他特别强调，这个戏是反"样板戏"之道而行的一部精彩作品。他认为，任何文艺作品，可以比较，但绝不能有"样板"，"样板戏"这个词必须永远反对、批判，如果以肯定的语气说这个词也是不应该的，首先在理论上就不能成立。

厚生同志看戏的认真仔细，那是有口皆碑的。他在谈戏的座谈会上发表意见，实话实说，平易近人，毫无虚情假意，而且不讲套话、空话，却多真知灼见。读他的文章，仿佛听他讲话一样，娓娓道来，深入浅出，绝无训人口吻，使你深受启示和教益。

厚生同志对青年演员寄予厚望，他写给京剧优秀青年演员研究生班的三封信，真是真心善意，语重心长。他强调研究生们毕业后要继续学习文化，最基本的一条是多读书，养成爱书、读书的习惯。同时更要多思索，多交流。现在的戏曲界，同行聚会之时，往往缺少一种浓郁的文化氛围，这种情况很不正常。他建议优秀青年演员们去读一读程砚秋先生于1933年他29岁时写的《赴欧考察戏曲音乐报告书》和1950年他46岁时写的《关于地方戏曲的调查计划》，文章内容有许多真知灼见，最重要的是应去领会他对祖国戏曲事业深切关怀的胸襟和科学的思考，这正是他期望于今天的优秀青年演员的境界。

不久前，沪剧《挑山女人》获中国戏曲学会奖，宝山沪剧团团长、主演华雯到北京领奖，顺便去拜访了厚生同志。在不到一小时的谈话中，主要时间都在谈戏。厚生同志对《挑》剧提了三点意见：一是，挑山女人挑山17年，挑的东西不能一成不变，而要不断变化，体现时代的变迁；二是，大郎虽是盲人，但在熟悉的家中，不必一直边摸索边走路；三是，幺妹以哥哥摔伤为由，把母亲骗回家，成子强赶去还扁担时，应先询问大郎的伤情才合情理。

华雯深有感触地说，刘老师提出的三点意见，只有看戏极为仔细才会发现。回到上海后，他们已经根据刘老师的意见全部作了修改。

厚生同志说，如果没有戏曲，在世界戏剧舞台上中国能有多少发言权？我们的共和国把戏曲明珠从尘土里发掘出来交还给人民；也把我（当然还有很多人）交给了戏曲，让我作为一个中国人，能多少知道一些和喜爱我们中国自己的文化财富并愿为之奋斗，我感激我们的共和国。

我想起，厚生同志家里的墙上挂满他和傅老师的金婚、钻石婚纪念照片，他俩到各地看戏、游览的照片，还有他俩的老同事送来的祝贺他俩的寿礼作品，满满当当，和和美美。

我又想起，厚生同志老两口，70多年来，从相识到相知，他们相敬如宾，相濡以沫；他们爱戏如命，敬业爱艺，甘守清贫。

我还想起，厚生同志说过发自内心的一句话：我的心啊在戏曲。

真心善意，语重心长
——读《刘厚生文集》

厚生同志是我的师尊，他今年92岁高龄，和他的老伴傅惠珍老师，住在北京东河沿的一座大楼里。前几年，他们二老常来上海参加戏剧界的一些重要活动。有一年，他们先后来上海五六次，看戏、座谈，精神可好呢。

每次他们来上海，我们在上海的"老戏改"们，总有机会聚会、交谈，那真是情意深长，心情舒畅。

近年来，他们的身体欠佳，不宜远行，已经不太可能来上海了。我们靠电话保持联系。他在电话中说，身体不如以前，还想写点东西，只是要慢慢写，不写脑子要退化……

去年，他出了一套《刘厚生文集》，共四本：《戏边散扎》《话剧情缘》《我的心啊在戏曲》上下两本。

前几年，他出过两本著作，是《刘厚生戏曲长短文》和《剧苑情缘》。

他现在很少出门，但是，一套《刘厚生文集》，他都是亲手邮寄给老朋友们的。

我是先后两次收到他邮寄的《刘厚生文集》。我仿佛看到，刘老拄着拐杖，手捧书本，每次只能拿一两本，多了就拿不动了，慢慢地从大楼下来向附近的邮局走去。

他是这样一趟一趟把书籍邮寄给在上海和其他地方的朋友们。那么诚心诚意，那么热心执着，又是那么朴实可亲。

文如其人，书如其人。当我收到他寄来的《刘厚生文集》，如同和他晤面似的，心头充满了感激、快慰、敬重之情。

上海解放初期，我到上海市文化局报到，分配到戏曲改进处工作，厚生同志是我的领导，在他的领导下，我们开展了上海戏曲界的改革工作。厚生同志原来是做话剧工作的，青年时代是个话剧迷。后来，先在雪声剧团当导演，上海解放后，到文化局从事戏曲改革工作。他说自己"出身话剧，后来转向戏曲，对话剧还不能忘情，时时旁顾，成为'两下锅'"。

一个被称为"新文艺工作者"的人，转向去搞戏曲工作，这不是一件容易的事。厚生同志却做出成绩，深入角色，虚心求学，工作虽忙，学习没有停滞，即使调离行政工作，到上海剧协和中国剧协做编辑工作，仍然和戏剧界的人和事接触，仍然看戏、议论、写评论，成为实至名归的戏剧评论家，是我敬重和学习的导师。

他写了五六百篇评论文章与散文随笔，他写文章和他的为人、办事一样，诚恳认真，实话实说，平易近人，毫无虚情假意。读他的文章，仿佛听他讲话一样，娓娓道来，深入浅出，绝无训人口吻，却有与人为善之心。

他到好些省市去看戏，他接触过好多剧种的演员，他在好些谈戏的座谈会上发表意见，他看戏认真仔细，写成文章常常颇有新意，给人以启发与教益。他写演员的表演，言之成理，鼓励上进。他的发言不讲套话，不发空论，实实在在，诚心诚意，却多真知灼见。

我觉得，厚生同志的文集中的文章，核心思想可以用八个字来概括：真心善意，语重心长。

厚生同志对有的事情很有自己的看法，有了看法，他就有勇气公开提出来。比如针对戏曲界习见的平均主义而写的一篇文章：《演员是"捧"出来的》，他坚信优秀演员是"捧"出来的。

文章发表后，有人对这个题目就颇为反感。厚生同志说，演员是"捧"出来的，这句话不是对被"捧"的演员说的，是对被"捧"的演员以外的人，比如文化部门和剧团的领导、作家、导演、评论家、记者以及其他合作的演员等等说的。他认为，我们的国家、社会需要优秀演员，需要伟大的表演艺术家。这不是为个人之"名"，而是戏剧、剧种和剧团的利益所在。因此，他所说这种"捧"，出于公心，出于大利，十分必要。

1998年，厚生同志发表了题为《庆典的启发》短文，从庆典活动中提出了他的意见和担忧。提得好，有勇气，有必要。

他是在即将进入21世纪的时候，作为一个戏剧工作者，瞻前顾后，发出一些感慨，一些担忧。

多少年来，出现过多少个大型纪念活动和大型庆祝晚会。一个明显的趋势是越办越多，越来越大，越来越富丽堂皇，也越来越没意思。更令人触目惊心的是任何晚会都要花费几十万几百万甚至更多的人民币，而绝大多数毫无保留价值。

另一个问题是，为戏剧院团今后几年搞庆祝节日、纪念而准备献礼剧目而担忧。从上边到下边都在企盼要戏剧院团一定要拿出精品来献礼，要写重大题材，但是使人困惑的是如何创作出精品来。

文章还提到，近年来戏剧演出受电视综合晚会影响，讲究包装、排场，追求大场面、"大制作"这股风气正在滋长。

我想，这不是杞人之忧，而是一个应当引起重视、加以改进的大问题。

厚生同志对戏曲的热爱执着，可以从他对昆剧的关爱想及一斑。

为了关爱昆剧，他从介绍昆剧历史、昆剧作家、演员、"传"字辈导师、昆剧振兴等多方面，向有关部门呼吁，向社会推荐，向广大观众宣传、向媒体推介。一片热忱，令人感动。

首届中国昆剧节在昆剧故乡苏州举行，他说：这是苏州的大事，更是中国戏曲文化的头等大事，他，"雀跃三百，竭诚祝贺！"

他写了《昆剧情思》《昆剧的故事》《致昆剧中青年演员》《关于地方戏与昆腔》《昆剧的两个十年》等文章，从多方面向人们宣传昆剧。

为什么昆剧应当被人们看重？

厚生同志回答：昆剧是中国最古老的戏曲剧种之一，也是艺术上最成熟、影响最深远的剧种之一。昆山腔就是原始的昆剧，从元末（14世纪中叶）算起，昆剧的历史已有六百多年。

几百年的沧桑变化，昆剧兴盛时，从宫廷到街坊，从城市到边区，都有昆剧艺人的身影和足迹。明代后期，昆剧进入宫殿，歌声飞扬。康乾南巡，必到苏州观赏昆剧，甚至甘肃、云南、广东等地都有昆剧班社演唱。

昆剧发展到乾嘉以后，由于走向雕琢辞藻，脱离群众，走向死胡同，日趋衰落。

但是，即使日益衰落，昆剧却能始终老而弥坚，衰而不亡。

到了国民党统治时期，衰落到连一个专业剧团都没有了，还有民间力量存在，一些热心人竭力为昆剧补液输血，保存艺术力量，等待时机，再生复苏。

这，说明昆剧生命力之强。

厚生同志说主要原因有两点：一是昆剧有着极为深厚的文学基础；二是昆剧有着成熟的优美典雅的舞台艺术。

几百年来，昆剧推出了一大批经典剧作，又涌现出一批优秀的作家。

新中国成立后，1956年，一出《十五贯》的演出引起轰动，"一出戏救活了一个剧种"。

而起根本作用的是，一批又一批地在全国培养昆剧人才，上海和其他城市（北京、江苏、浙江、湖南等地）培养了一批优秀演员。厚生同志又以满腔热情，撰文赞赏了这些优秀演员的表演艺术。

厚生同志又对昆剧中青年演员寄予殷切的厚望。他说，作为专业昆剧工作者，今后你们绝不能仅仅是一个演员，你们需要能到中学、大学去宣讲昆剧，能给曲友们排曲说戏，能给昆剧班或别的剧种演员上课，能写文章鼓吹昆剧，等等。你们就应兼做昆剧活动家、宣传家、教育家，你们也必须是有高度文化教养的艺术家，绝不能做那种连乐谱也不认识的"歌星"。

也正如俞振飞老前辈所要求的：一个演员要在舞台上显得有光彩，不能没有多方面的艺术修养。诗词、书法、绘画、音乐、舞蹈，平时多接触，潜移默化，可以陶冶性情，提高鉴赏力，使人追求较高的艺术境界。

1984年，俞老代表许多中年昆剧家出面，上书党中央，汇报昆剧界情况，要求重点保护国之瑰宝昆剧。

信送上去以后，胡耀邦同志亲笔指示，不久，文化部就正式成立了振兴昆剧指导委员会。

厚生同志还热情地向读者们介绍《有这样一位中学女教师》。说的是上海长宁区有所武夷中学，20世纪80年代初来了一位语文教师许琳，她毕业于华东师大中文系，她热爱京昆艺术，曾向前辈专家杨畹农、赵景深学习。当她到武夷中学任教后，当时教育系统开展"第二课堂"活动，她就组织学生们在课外成立各种兴趣小组，她是昆曲组的指导老师。10多年来，她在学校里每年都要为约350名学生开课讲昆曲，多年来累计听课学生已有5000多名。这些学生进入大学、去海外，分散到社会各方面，都有可能成为昆剧的知音、传播者，最低限度也是能多少知道我们祖国有一种名为昆剧的优秀文化遗产的人。仅这一所中学，近年来就输送给上海戏曲学校昆剧班4名学员。

许老师还动员了12名女学生，经过她热心授艺，排练出一折《游园惊梦》。区教育局认识到这种兴趣的价值，当即拨了笔专款扶植这个小组。学校领导也很关心，决定在预备年级和初一班每月开设一堂昆曲艺术欣赏课，希望他们成为这种高雅艺术的新一代观众。

许老师和上海昆剧团建立联系，俞老、昆曲"传"字辈老师和昆剧团那些知名演员多次到武夷中学去同学生们见面、指导。

有一年，厚生同志来上海参加昆剧研讨会，许琳和武夷中学领导组织了一台节目，把参加研讨会的人员都接到学校去观摩。节目以学生的表演为主，上海昆剧团的蔡正仁、张洵澎、成志雄等演了几折片段。学生们的表演像模像样十分可爱。许琳全面介绍了情况，使大家对这所中学、这些少年昆曲爱好者和许琳老师，产生了由衷的敬意，为他们为普及昆剧办实事而感到高兴。

于是，厚生同志深有感慨地说："我想如果在全国能有一百个这样的中学，一百个这样的昆曲兴趣小组，一百个像许琳这样的老师，我们的昆曲事业又会如何呢？"

这就是厚生同志对昆剧无限眷爱的具体表现。他不是一般的对一个剧种的关爱与企盼，而是由衷的、一贯的对戏曲事业的关爱，是实实在在的、实事求是的关爱，这种精神是很可贵的。

我还要说的是，厚生同志对戏曲界青年、中年演员的关怀，同样也是语重心长，关怀备至，企望殷切，又是严格要求的。

这可以从他的《给研究生们的一封信》《第二封信》和《第三封信》中得到明证。

中国戏曲学院于1996年开办了"中国京剧优秀青年演员研究生班"。第一届学员1999年毕业，每个学员都要写一篇毕业论文，待评审通过后才能领到毕业文凭，所有论文都要结集出版。

学员们平时习惯在舞台上唱念做打，如今要拿起笔杆写论文，这是多艰苦多困难的事。好多学员是一遍两遍三遍地修改论文，才得以定稿的。

厚生同志这时候要问问这些学员们：论文写出来，通过了，出版了，毕业了，然后呢？是在下大功夫写出来的论文的基础上继续向文化高峰攀登，还是把它当作过毕业这一关的梯子，用完后就放在一旁不管了？

他认为，稍有表演经验的演员都能体会到，如果没有勤奋的练功，再高的文化水平也演不出好戏；反过来说，要把戏演好，除了勤奋练功外，更必须有高度的文化修养，用以帮助自己理解戏、感受角色，开发想象力和表现力。

因此，他说："我强调你们毕业后要继续学习文化，最基本一条是多读书，养成爱书、读书习惯。"

他还认为，有些剧种历史比京剧还早得多，比如昆、汉、徽、秦等。有些剧种虽然年轻，比如评、越、黄梅等，但它们的艺术风格、色彩各有特色，同京剧有很不相同的参照意义。京剧和其他剧种相互之间的艺术交流，原本是京剧艺术的传统，根本的作用在于开拓艺术眼界，而不是拘一隅这道关口。

当厚生同志看了京剧《骆驼祥子》后，从京剧舞台上写了小人物，联系到"样板戏"创作指导思想的荒谬，讲述了他的很好的见解。

他首先肯定，《骆驼祥子》是反"样板戏"之道而行的一部精彩作品。

他认为，"样板戏"这个词首先就是荒谬的。它的创作指导思想是要以"三突出"的公式制造出"高大全"式的人物，从一度创作到舞台艺术都是如此，这同样是荒谬的。题材决定论、英雄史观、形式主义、公式化概念化、政策图解，等等，都是"样板戏"的构成支架。所有这些，在粉碎"四人帮"后都曾被严肃批判过，难道批错了么？彻底批判"三突出"等谬论，却全面肯定"三突出"的代表作品，说得过去么？

他又认为，我们可以从"样板戏"乃至任何作品中借鉴、吸取对我有用之物，但是决不能把"样板戏"永远悬在我们眼睛前面，让我们去追赶。在某些根本方面，需要的倒是反其道而行之。

《骆驼祥子》写的是小人物，但是，在舞台上不应当排斥英雄人物，可是我们同样应该塑造数以千万的平民百姓小人物。

《骆驼祥子》中的祥子和虎妞，就是在旧社会处于被侮辱被损害的这样的小人物。他们身上都有着各种各样的精神创伤，然而他们又都有深厚的生命意识，有强烈的生存意志。他们是人民的绝大多数，他们也都是有尊严的人。

因此，塑造出这样的性格、形象，编演出他们丰富的感情和他们性格上的复杂性，可以显示更深刻的人民性，也可以更富于感染力。

厚生同志充分肯定，《骆驼祥子》是新京剧的一次盛大成功。成功的基础在于依托老舍的小说杰作，塑造了一个京剧舞台上从未有过的新鲜而丰满的形象。这个戏的感染力，就在于观众看了没有一句豪言壮语的《骆驼祥子》，会明白中国革命何等必要。

厚生同志热情赞扬陈霖苍对于祥子的创造，具有相当深刻的理论意义，黄孝慈的这个虎妞，放得开，收得住，分寸恰当，在京剧现代剧的发展历程中，应该有她重要的位置，导演石玉昆在舞台艺术二度创作上，极为精彩地体现并丰富了剧作的精髓，恰当地显示祥子和虎妞的中心位置，以及笼罩着这一切的浓郁的旧时代社会底层的氛围。

他以坚定的语气这样说："任何文艺作品，可以比较，但决不能有'样板'，'样板戏'这个词必须永远反对、批判，我们以肯定的语气说这个词也是不应该的。首先在理论上就不能成立。"

从《骆驼祥子》写小人物的成功，联系到对"样板戏"的深刻批判，读这样的评论文章，是很有启发和教益的，我这样坚信。

2011年1月14日，厚生同志写了《浪费难道也是贡献？》文章，在《文汇报》"笔会"副刊发表（收录《刘厚生文集》第一卷第33页）。

上海有的老朋友看了这篇文章说，文章写得很好，很有必要，但是文笔和语气似乎不像他的风格……

我觉得，还是厚生同志一贯的风格，只是这篇短文有感而发，充满激愤之情，又是语重心长，令人敬佩。可以做个比喻，好比二黄和西皮同属戏曲腔调，二黄表现柔情沉郁的情感，西皮表现昂扬激动的情感，但是二者都是京剧腔调一样。

这篇短文说的是社会上的不正之风，是从1952年全国展开轰轰烈烈的"三反"运动说起，一个甲子过去，抚今思昔，感慨多多，最主要的感慨是"这三反真是难反"。为什么六十年来从没有停止过反对，却是"于今更烈"？

厚生同志以激动的语气，提出了一个发人深思的问题。

他，首先反省自己，承认自己就有大小不等各种各样的浪费。

再看他的周围，许多单位、许多工作、许多建设活动，几乎可以说无处不浪费，无时不浪费，区别只在程度大小而已。

又如，公款吃喝、公费旅游、婚丧喜寿大摆宴席、开会送礼发红包，等等，还有名目繁多的各种大小纪念会、高峰会、联欢会、年节会、庆祝会，等等，会本身往往膨胀虚空，而逢大会必有晚会，必请名角，必有歌舞，必为人海战术，必做大量服装。电视上的浪费是一大账户，仅以那些鼓励一夜成名的各种"海选"为例，要花多少钱，多少时间，多少物力人力，然而能有多少真正的社会价值、文化价值？

至于那些小城的办公楼盖得像白宫，官员办喜寿宴请动辄百桌，开晚会花费几百万，一个明星的婚宴也是大摆宴席……

我觉得，严重的浪费现象，滋长了一种贪图享受，相互攀比，精神空虚的不良社会风气。

因此，厚生同志严正地指出：浪费是极大的误国误民现象，必须遏制和清除。

当然，这篇短文所谈的着重于经济方面的浪费，除此之外，人的浪费、时间的浪费、空间的浪费、会议活动的浪费等，也着实应该加以探讨，并且同样必须遏制和清除。

好一位暮年擂鼓人

2013年，我去北京拜访刘厚生同志，他是我的老领导，93岁高龄，瘦多了，腰更弯了，可他说，脑子好，耳不聋，胃口健，还能慢慢地写点短文，正在写纪念程砚秋的文章，他说，程砚秋是一位名副其实的戏曲教育家，一位世界进步文化的追求者。抗战时期，他拒绝为敌伪演出，退出舞台，坚持民族气节，对于这样一位为戏曲艺术事业作出卓越贡献的艺术家，我们要怀念他、学习他，不可淡忘他。

厚生同志生活上一贯简单朴素，他说，老年人生活简单得很，没那么多需求，他现在的愿望，一是再看点自己想看的书，写点自己想写的文章；二是脑子别糊涂，有空背诵古诗，增强记忆力。

可他对帮助别人与社会公益，都慷慨大方。2011年，他和老伴把多年积蓄50万元捐给中国剧协，给青年同志办个图书馆，又陆续把藏书赠送出去……他安排一切是那么平和、淡定。那天，我向他告别时，他拄着拐杖送我到电梯口，又以平和淡定的语气说："也许这是最后一次见面……"我立即说，不可能，我会再来看望您。他笑了："好啊，欢迎你来，北京的秋天是最好的。"

不觉几年过去，2017年金秋，我再次拜访厚生同志。他，97岁了，他说，上海是我老家，家里来人了我最高兴，上海文联和剧协的同志来看我，沪剧院茅善玉也来看我，我都高兴。我常常想念上海，我常看的是上海的《文汇报》《新民晚报》《上海戏剧》，我关心上海的戏剧活动，蔡正仁76岁能演《长生殿》，京剧《曹操与杨修》有了青春版传承，我虽然不可能像前几年经常到上海去参加戏剧活动，但是我的心里总是牵挂着上海，我的老家在上海，我的好多老朋友在上海。

厚生同志1921年1月出生于北京，1931年移居上海。那时候，上海话剧演出频繁，他是个话剧迷，1937年考入南京国立戏剧专科学校，成为第三届的话剧学员。1938年参加中国共产党。1940年毕业后，他在重庆、成都、上海、台湾等地从事话剧工作。后来，他到雪声剧团当导演，这是他转向戏曲工作的开始。新中国成立后，他到上海市文化局从事戏曲改革工作，深入角色，同戏曲界人士亲密交流。1964年调至中国剧协，他坚持虚心学习，勤奋工作，诚恳待人，成为实至名归的戏剧评论家，他是我敬重和学习和导师。

厚生同志送我一本刚出版的新书《暮鼓集》，他说："这是我的第七本文集，收文57篇，写话剧的一小块，谈戏曲的一大块。谈戏曲的大块，一是戏曲各方面的散论，二是昆剧，三是京剧，四是地方戏。谈话剧的十几篇文章，表明我到了老年依然不能忘情话剧。书名叫《暮鼓集》，书中所收文章是在我六本书之后所写，就是在我暮年所写，所写文章又都是为话剧、为戏曲事业擂鼓呼喊而写，暮年所擂之鼓，我难忘话剧，热爱戏曲。"

真是一位可敬可亲的暮年擂鼓人。

马金凤唱响《穆桂英挂帅》

上世纪50年代初,有观众反映说,在远离市中心一家剧场,一个初到上海的豫剧团,在那里演出《穆桂英挂帅》,戏演得不错。

消息传到上海市文化局戏曲改进处,具体管戏的何慢同志赶去看戏。看戏,本是戏曲改进处同志的本职工作。

何慢同志看了戏,回来很有感慨地说,一个条件并不好的外地剧团,初到上海,人地生疏,但是,《穆桂英挂帅》戏比较好,演得也好,剧团初到上海基本上站住了,真不容易。尤其是扮演穆桂英的金凤,气质好,嗓子好,演得成功。而且马金凤还带着一个喂奶的孩子,克服困难演好戏,更觉得很不简单。只是整个戏还比较松散过长了点,但是,完全有加工提高的余地。

何慢同志征得马金凤剧团的同意以后,上海戏曲界的同行在尊重原作的基础上,共同商量讨论,议定一个修改的原则,就是不对剧本作大拆大改、伤筋动骨式的改动,主要把能够简略的场子搞得简练集中一点,使整个戏紧凑精彩,主题更加突出鲜明。

经过加工以后,戏有了提高,豫剧团也感到满意。何慢同志多次和豫剧团接触交谈,感情十分融洽。

当时，上海市各界人士组织春节慰问解放军活动，成立了好几个慰问团，每个慰问团配备文艺演出小分队，随慰问团去慰问演出。

豫剧团马金凤等演职员听到消息，积极要求参加慰问演出。市政府领导满足了豫剧团的要求。马金凤等豫剧团的同志们，满心喜悦地把经过修改加工的《穆桂英挂帅》送到解放军部队里去。马金凤扮演的穆桂英53岁全身披挂重新出征，唱道："辕门外，三声炮，如同雷震……"这种威武不屈、斗志昂扬的英勇气概，在军营中被热情传颂。

豫剧《穆桂英挂帅》慰问解放军演出，获得好评，胜利成功。

马金凤扮演的穆桂英逐渐被观众肯定和欢迎，豫剧《穆桂英挂帅》经过多次加工，戏更紧凑、更精彩感人了。

人们对马金凤也逐渐了解。

马金凤出身艺人家庭，幼年随父亲学戏，1931年到河南开封，跟随马双枝学豫剧，开始时学须生、武生，后来改学青衣。她14岁登台，在郑州与豫东一带演出，受到观众赞许，曾获得豫剧"四大名旦"之一的美誉。

1953年，正在上海的梅兰芳先生听说马金凤的《穆桂英挂帅》很不错，他兴致勃勃地就去看戏。他这样说："我在上海第一次看到豫剧马金凤表演的《穆桂英挂帅》，引起了我的注意，因为我虽然和穆桂英做了四十年的朋友，还不知道她的晚年有重新挂帅的故事。她那老当益壮的精神，使我深深感动，我们有着情感上的共鸣。"

梅兰芳先生竟然以极大的热情连看三场马金凤的演出。最后一次看戏结束，梅先生来到剧场后台，祝贺马金凤演出成功，同时特意邀请马金凤抽点时间到梅先生的家中细谈。

梅兰芳先生为什么热忱邀请马金凤做客深谈呢？因为梅先生心里

已有意愿，想把豫剧《穆桂英挂帅》改编成京剧，为京剧舞台上增添一出新戏，也为他晚年的演剧生活添上新的光彩。

马金凤应邀来到梅兰芳先生家中，踏进"梅华诗屋"，一派清雅的艺术氛围，使人感到宁静高雅，整洁大方。

梅先生和马金凤见面的时候，不知道有多高兴，梅先生笑容满面地对马金凤说："京剧原本没有这出戏，我也没有演过晚年的穆桂英。这次看了您的演出，我很喜欢穆桂英这个角色，我真正感到豫剧是个有发展的剧种，蕴藏着许多我所要学习的东西。"

自从那天梅先生和马金凤深入细谈《穆桂英挂帅》以后，梅先生一直惦记着这件事，一心想把豫剧《穆桂英挂帅》移植过来。但是，他思想上很清楚，真要移植过来，那就必须根据京剧的特点和风格来进行，切不可不经过自己的理解和融化而生搬硬演。

梅先生决心排演这出令他牵肠挂肚、日思夜想的好戏，他在移植改编过程中，想得很多。他说："穆桂英这个角色，对我来说并不陌生的……过去我只是以刀马旦的姿态塑造了她的青年形象，而这出戏里的穆桂英却是从一个饱经忧患、退隐闲居的家庭妇女，一变而为统率三军的大元帅；由思想消极转到行动积极。从她半百年龄和抑郁心情来讲，在未挂帅以前，应该先以青衣姿态出现。像这样扮演身兼两种截然不同行当的角色，我还是初次尝试。"

梅先生对角色思想的变化，是分析得细致深刻而全面的。他这样阐述："我体会到这位女英雄究竟有二十多年没打过仗了，骤然在她肩上落下这副千斤重担，必定有一些思想活动，这时有必要给她加一段戏。给她的思想里加上一层由决定出征而联系到责任重大，如何作战的事前考虑。"

1958年，豫剧《穆桂英挂帅》晋京演出，梅兰芳先生又去看戏。当看到马金凤扮演的穆桂英怀抱令旗，点将出征的时候，那大段令人荡气回肠的唱腔，把穆桂英忠心赤胆保卫家国的豪迈气概表现得淋漓尽致，梅兰芳先生为之动容，深受感奋。

不久，豫剧《穆桂英挂帅》应广大观众要求，拍摄成影片在全国放映。

这时候，梅兰芳先生主演穆桂英挂帅，准备就绪，开始排练，而且以这出新排演的《穆桂英挂帅》，作为向新中国成立十周年献礼的剧目。

梅先生在排练过程中十分勤奋，无论人物的地位、表情、语气、动作都是反复排练，力求准确到位。这出戏的导演郑亦秋在排戏过程中，亲身感受到梅兰芳先生在排练中除了虚心听取意见、博采众长以外，还有几个特点：

一是，理解深透，内心线索清楚；

二是，外部技巧运用自如，节奏鲜明；

三是，善于积蓄力量，劲头用在最要紧处；

四是，在别人表演中，适应别人的节奏，相当和谐。

1959年5月25日，梅兰芳先生主演的《穆桂英挂帅》在北京人民剧场隆重上演，这出戏的演员阵容十分整齐，梅兰芳演穆桂英，李少春演寇准，李和曾演杨宗保，袁世海演王强，李金泉演佘太君，青年演员夏永泉演杨文广，杨秋玲演杨金花。首都观众以最热烈的掌声和喝彩声，对梅先生和众多表演艺术家的杰出表演给予高度的赞扬。当梅兰芳先生在台上捧印亮相，直到下场后，锣音虽然已经停止，但是全场观众仍然沉醉在剧情中，久久不愿离场。

京剧名家于连泉（小翠花）看完戏后说："这出戏很难演，要有扮相，有嗓子，有基本功夫，还要有元帅的气度，而且还不能离开青衣的范围，要演得稳重又大气，才合乎这时穆桂英的身份。"

《穆桂英挂帅》是马金凤的成名作，也是梅兰芳晚年的代表作。他们各领风骚，共同探讨，相互交流，精心塑造古代巾帼英雄的艺术形象，使这出高扬爱国精神的好戏长留剧坛。

影坛名导、戏曲行家岑范

我和知名电影导演岑范,从相识、相知到相交,是在京剧票房一起票戏的日子里。

上海国际京剧票房(简称"国票"),成立于1990年元宵节,当年的正副理事长是汪道涵和李储文。每逢周六下午,是"国票"铁定的活动时间。到时上海电影界、新闻界、戏剧界等各领域的京剧爱好者前去参加,有时候港澳台和海外的票友也来捧场。有一次,朱镕基同志来了,他为夏慧华操琴,传为佳话。平时舒适、程之、秦绿枝、舒昌玉、杨华生是常客。舒适除票戏外,还学打大锣,坚持数年,为"国票"活动增添亮色。

但是,给我留下印象最深的却是电影名导岑范在"国票"的表现。

有一次,"国票"特别热闹,因为众多京剧名家尚长荣、关正明、张学津、王熙春来参加活动,他们来了就唱,唱的是各自的拿手唱段,这可让大家美美地过了把瘾。

这样的场合,有些票友不好意思上去唱了,可岑范脸无惧色,毫不犹豫地上台去唱,大家好佩服他的胆量。

那天,他唱的是《杨门女将》"探谷"中采药老人的选段,这是穆桂英在"探谷"时,面对重山叠岭,栈道难寻,好容易找到采药老人,他却处事谨慎,佯装哑巴。当听说杨元帅已为国捐躯,他"哑巴"开口,唱出脍炙人口的心声:"贼兵到此我不出声,杨家将进山亲又亲……"岑范开唱,言派唱腔的苍劲、悲凉、柔情、委婉等特色,充分显示与发挥了出来。当唱到"听说是杨元帅为国丧命,不由得年迈人珠泪淋淋……"抑扬顿挫,情意深切,似觉声泪俱下,老泪纵横。唱到"抖一抖老精神我忙把路引——"时,"抖一抖"三字长吁短吟,撼人心弦,这是以特定人物在特定情境中抒发衷情,因情生韵,因韵写意,因意出情,岑范恰到好处地唱出了爱国老人的一片赤胆忠心。这段韵味十足的唱腔博得满堂喝彩声,连几位京剧名家也连连赞赏不已。

岑范为何能对"言派"的运腔如行云流水,荡气回肠,得心应"口"?他为何对"言腔"如此熟谙,吟唱颇有神韵?

岑范告诉我,他在中学念书时,并不爱好京剧,却是个话剧迷,尤其迷刘琼的表演。有一天,刘琼在卡尔登大戏院演出,岑范买了一张刘琼的明星照片,想尽办法"溜"进了剧场后台,请刘琼在照片上签了名,这下子他如获至宝,一直珍藏着。

后来,岑范结交了一个好朋友叫言小朋,是京剧名家言菊朋的儿子。岑范从此常到小朋家去玩,和言菊朋也熟悉了,日长时久,总觉得言菊朋没有架子,和蔼可亲,谈吐儒雅,幽默风趣。在言家,岑范听言菊朋"吊"嗓,看言菊朋"说戏",见言菊朋无时非戏,无处不戏,便耳濡目染,心领神会,对京剧艺术发生了浓厚兴趣。他领悟到"言派"艺术,在刻画人物苍凉坚韧的性格方面独具特色。但他仍对话剧、电影十分投入,他认为话剧、电影与戏曲,在艺术上有相通之处,完全可以交流借鉴，取长补短。

在我的印象中，岑范的"言派"戏唱得最好的是《让徐州》，这是"言派"的经典代表剧目之一。他在和言菊朋接触中，听得最多的是《让徐州》，看得最多的也是《让徐州》。他从戏的规定情境、人物的性格特征出发，深入体会，反复感悟，深知徐州州牧陶谦为报答刘备相助击退曹操兵马之恩，再三要将徐州牧让与刘备。陶谦身染重病，心诚情深地向刘备倾吐心声。其心可敬，其声可亲，心声感人。岑范是深入角色的内心世界，洞察人物的美好心灵，才能唱得声情并茂，娓娓动听。他说："有人说，京剧的唱不能打动人，我不相信，《让徐州》就能感动人，周信芳在《四进士》里唱道：'谁是我披麻戴孝的人……'不也声泪俱下，十分感人吗？"他说的是真话。当然京剧中有些"水词"淡而无味，形同白开水，怎么能打动人呢？

岑范对"马派"也喜欢，他说，马连良先生的唱腔飘逸潇洒，俏丽流畅，委婉动听，念白节奏铿锵，顿挫抑扬，独领风骚，听起来真好听，可学起来真难。马先生对艺术一贯严肃认真。听说在排练《赵氏孤儿》时，流传着一段感人的故事：这出戏里，马先生塑造了一个见义勇为、忍辱负重的草泽医人程婴的艺术形象。在排练过程中，导演安排程婴在"盘门"这场戏里，见到韩厥为孤儿保密而自刎身亡后，走跪蹉步到韩厥的尸体旁，接着起身，背起药箱，急步转身，甩髯口、撩水袖，亮相急下。这组动作难度较大，马先生已年过六旬，腰有病，却二话没说，跪下就要动作。这时候，谭富英先生提醒导演："马先生腰不好，这个跪蹉步是不是……"导演一听立即停止排演，考虑改换别的动作。第二天再排练时，马先生完整无缺地按照昨天导演的要求，完成了这段难度较大的表演，在场的所有人无不为之动容。

岑范有个好习惯：爱好读书。只要听说哪位京剧表演艺术家出了一本谈艺说戏的书，他总要千方百计去买来看。他对许多京剧名家的谈艺说戏的故事，如数家珍，永志勿忘。他又是个很重情谊的人，当他从事电影导演工作后，把早年刘琼签名的照片找了出来，特地送给刘琼，两位电影艺术家手捧珍藏多年的照片，相视欢笑，思绪万千。

1955年冬天，岑范为梅兰芳先生导演、拍摄了《洛神》戏曲艺术片后，接着拍摄梅先生的经典剧目《贵妃醉酒》。岑导说，一共两场戏，可都是重头戏，一场是杨玉环从内宫到百花亭，一场是醉酒。梅先生演贵妃，萧长华演高力士，姜妙香饰裴力士。梅先生和演员们经过多次演练才达到准确、自然。当时，萧长华已年近八旬，梅先生常常搀着萧老先生走路，生怕场地上电线太多，使人绊跌。当萧老扮演的高力士向杨贵妃敬酒的时候，有一个很美的两人互相搭配的身段，当贵妃念着"如此，呈上来！"时，她把扇子打开，水袖一翻，慢慢站起来，把桌子往前一推，一边往前一探身，这时高力士得坐在地上，一只腿向前伸直。这一动作是相当费劲的。梅先生总是以尊敬的口吻不断问萧老："你累不累？不合适的话，我们再另外改一个样。"萧老以极大的热情，不顾疲劳，同摄制组一道，拍摄下这部珍贵的舞台艺术片，让祖国各地广大人民和海外观众，都能欣赏到中国的京剧艺术。

岑导接着告诉我，1957年由他导演拍摄的戏曲艺术片《群英会·借东风》，阵容是：马连良的诸葛亮，叶盛兰的周瑜，萧长华的蒋干，谭富英的鲁肃，裘盛戎的黄盖，袁世海的曹操，孙毓堃的赵云。这阵容本身就是一个"群英会"。原来请郝寿臣演曹操，因为他年事已高，力不从心，把这个艺术形象永世留存的机会让给他的得意高足袁世海。剧本是萧长华整理的，他多次与郝寿臣交流，把多年不演出的

《横槊赋诗》这场戏演了，重新修改整理，实现了两位老艺术家的心愿。郝老还提出"回书"一场，曹操的表演要改动。老的演法，杀蔡瑁、张允的时候，曹操说"斩了！"之后，两军士押蔡、张下场，"当、当当"两下锣，曹操悟出是计，赶紧说："是计，召回来！"可军士上报："斩首已毕。"郝老认为这里曹操的醒悟缺少过程，也不好做戏，他给改成：说完"斩了！"后，两军士押蔡、张下，曹操再细看那封蒋干盗来的书信，"当，当当"，在锣声中又思考，两军士上报："斩首已毕。"曹操见到首级，才醒过味来，中计了："嘿嘿！吾今错矣！"袁世海就按照郝老的改法演出的。

1962年，岑范执导的由徐玉兰、王文娟等主演的越剧《红楼梦》戏曲艺术片开拍了。这说明，岑导不仅熟谙京剧，而且对优秀的地方戏曲艺术视为珍品，倍加赞赏。他称赞越剧舞台演出完整精彩，剧本好，徐、王的宝、黛可称得上是"天生一对，地成一双"。为了拍摄好这部戏，岑范在"导演阐述"中说："我用拍摄故事片的方法来拍摄这部戏曲片，把越剧艺术尽可能完美地和电影手法结合起来，主要演员则以优美抒情的唱腔，细腻真切的表演，深刻地表现了宝黛爱情悲剧，既要充分体现原著的主要精神，又要保留和发扬舞台演出的精华；既要表现曹雪芹笔下生动的艺术形象，又要突出各个表演艺术家的动人演唱；既要是电影，又要是越剧；既要让一般电影观众爱看，又要使越剧爱好者看得过瘾；既要使熟悉原著的观众得到一定的满足，又要让没看过小说的观众能够心领神会感兴趣；尤其重要的是，拍成的电影必须是《红楼梦》。"

岑导说得多深刻、细致、实在。

越剧艺术片《红楼梦》放映后，在香港、上海创下卖座新纪录。

"文革"后，全国热映，深受亿万观众赞赏，该片的拷贝发行量高居全国之首。

岑范还导演拍摄了由黄梅戏名家严凤英、王少舫主演的《牛郎织女》，也大获成功。

岑范，原籍广西西林，生于上海，能讲一口动听的上海话。早年肄业于南京中央大学经济系，1946年进香港南洋、大中华、永华、长城等影业公司，在《同病不相怜》《春之梦》《清宫秘史》《山河泪》等影片中担任编剧、副导演。1957年后，任上海电影制片厂导演，先后导演《林则徐》(与郑君里合作)，《阿Q正传》《碧水双魂》《闯江湖》《梦非梦》等影片。岑范是钟情电影事业、同时热衷于戏曲艺术的高手，他敬重戏曲表演艺术家忠诚敬业的人格魅力，他从戏曲优秀艺术海洋中汲取精华，以丰富电影艺术的表现力。他是热忱为戏曲艺术事业做出贡献的电影艺术家，他为举世公认的中国优秀戏曲艺术留下极其珍贵的文化遗产，他既是影坛名导，又是戏曲行家，我们诚挚地敬爱他，深切地缅怀他。

江南名丑刘斌昆

记得解放前,上海戏曲舞台有出轰动一时的戏叫《大劈棺》,取材明清传奇《蝴蝶梦》,说的是庄周诈死,试探其妻是否贞节的故事。先是筱翠花(于连泉),后由童芷苓主演。可是戏里的配角,是由刘斌昆饰演的纸扎人"二百五",这是他创造的一个特异的舞台形象,深受观众喜爱,甚至出现"二百五"上场,全场笑声四起、争看纸扎人而喧宾夺主的现象。从此这出戏常演常受欢迎,"二百五"成了上海滩上的一句方言。从那时起,我记住了刘斌昆这位演员的名字。

上海解放后,《大劈棺》不演了。1950年陈毅同志说起:"刘斌昆的'二百五',我在解放区就听说了。"他很想看看这出戏。后来,在文艺会堂内部由刘斌昆当场演了这场戏和《活捉三郎》给陈毅同志看。

从此以后,我因工作关系,同刘斌昆有了接触,了解增多。他不是只能演"二百五",而是好学不倦,博采众长,融徽、汉、昆、梆于一炉,功底深厚,能戏甚多。《九锡宫》中的程咬金、《活捉三郎》中的张文远、《双下山》中的小和尚、《疯僧扫秦》中的疯僧、《金玉奴》中的金松、《群英会》中的蒋干、《审头刺汤》中的汤勤、《打渔杀家》中的教师爷、《四进士》中的刘二混等都有特色。

刘斌昆,从他7岁登上舞台,漫长的七十多年艺术人生,从一个娃娃生到成为南派丑角代表人物,我觉得有几件事是值得一提的。

刘斌昆的丑角表演艺术,注重人物内心世界的挖掘,灵活化用基本功,主张用"俊"的手段现"丑",并从生活中和各种艺术形式中吸收借鉴,富于创造性,自成风格。这与他一生中拜师学艺的老师有十位之多分不开的。他9岁从童紫红学京剧丑角,这是他的启蒙老师。14岁拜徽班名丑赵桐顺学艺,并随师演出。苦熬了三四年,赵桐顺发现刘斌昆学艺志诚,这才尽心传授。赵桐顺教戏先教人,说:"会做人才会唱戏。"赵老师又说:"做人要谦虚,要诚意待人。你学了玩艺要用心想,刻苦练。台下要恭敬,即使成了角儿,也要对别人谦虚,要知恩报德。"赵老师还传授给刘斌昆许多四功五法口诀,丑行二十四手基本功等绝活儿。赵老师的悉心传授,给刘斌昆的丑角艺术打下了结实的基础。

刘斌昆的老师还有任长海、郭春山、萧长华、陆寿卿(昆曲)等,其第十位老师是汉剧名角、艺名"大和尚"的李春森先生。刘斌昆有半年时间跟随大和尚学艺,大和尚每次演出,刘斌昆都细心琢磨,认真学艺,学会了不少丑角戏,其中《活捉三郎》《审陶大》《疯僧扫秦》等戏受过大和尚的教益。

刘斌昆还拜过两位名票友为师,一位是昆丑名家徐凌云,另一位是京剧丑角孙履安。刘斌昆说,他们是名票友,比一般的内行还要懂得多,值得向他们学习讨教。

刘斌昆多方拜师,好学不倦,虚心求教的学艺精神使他领悟:丑而不俗,丑中求美,重在表现各类丑角的性格特征,而不图人物的脸谱化,拒绝低级趣味与恶俗形象。所以,他在舞台上展现各类人物形象，百态杂呈，生龙活虎；但是在生活上，坚守谦虚平和，真诚待人，做一位厚道诚信之人，绝无油嘴滑舌、口是心非那种油腔滑调的市井庸人的习气。这是刘斌昆艺术人生中第一件事。

刘斌昆艺术人生中第二件值得提到的是，他同周信芳同台演出时间最长，在一起谈艺说戏、切磋艺事的时间最多。

刘斌昆9岁从童紫红学丑戏时，曾随周信芳演出。周信芳见刘斌昆机灵聪明，十分喜爱，给他取了个艺名叫小幼童。这是他们认识的开始。以后，刘斌昆就辗转拜师学艺多年，直到1932年，参加周信芳主持的"移风社"，与周信芳长期同台演出。"移风社"是由周信芳于1932年"一·二八"事变后在上海组织的京剧演出团体，周信芳任社长，主要成员有周五宝、刘斌昆、王芸芳、王兰芳、张世恩等。成立社团的目的，主要是为了改变上海社会中苟且偷安、妥协投降的风气，主张多演爱国剧目，伸张正气，编演了《满清三百年》《明末遗恨》等。"移风社"不久即北上，经天津、北京、青岛、南京、汉口及东北诸大城市。历时两年多的巡演，刘斌昆一直随周信芳合作演出，刘斌昆亲切地称周信芳为信芳哥，情同手足，亲密无间。

"八一三"事变后，京剧界爱国艺人成立上海戏剧界救亡协会歌剧部，周信芳任主任，同时周信芳重组"移风社"，充实阵容，除刘斌昆、王兰芳等外，袁美云、王熙春、刘韵芳、高百岁、赵晓岚、金素雯等参加，1937年10月28日在卡尔登戏院演出，头三天剧目有《追韩信》《四进士》《玉堂春》《打严嵩》《鸿鸾禧》等。

刘斌昆和周信芳在北上演出中，每当演完戏吃夜宵的时候，他们总是坐在一起聊天"挑刺摘毛"，就是互相挑不足的地方，成了他们相互学习改进提高的一种有益活动。

他们谈到《追韩信》，刘斌昆说："萧何唱的那段'听说韩信他去了，不由萧何心内焦，头上整整乌纱帽，身上撩起衮龙袍'，这后面两句是废话，你穿的不是衮龙袍，是便服，戴的是便帽，不是乌纱帽，你这样唱不合理。"周信芳说："是啊，这是老词儿，是要改。"刘又说："你唱的'此番韩信追得到，同心协力扶汉朝，此番若是追不到，万里江山一旦抛'也不对，刘邦还没有建立汉朝，怎么扶？'扶'字要改'建'字。"周说："'建'字好，你这一字值千金。"

刘斌昆和周信芳，一个是坦诚相告、推心置腹；一个是虚怀若谷、从善如流。他们是舞台上的好搭档，艺术上的好伙伴，生活中的好兄弟。

刘斌昆不仅是一位丑角名家，他还是出色的老旦演员，为观众所公认。这是我要讲述的第三件事。

1932年，刘斌昆跟"移风社"北上演出时，在济南演《六国封相》中的苏秦之母，这是一个对儿子前倨后恭的老太太。刘斌昆刚演这个角色，就想办法去塑造她，竭力做到不让她跟别的角色雷同。有一天，刘斌昆在大街上看见一位老太太，小脚、驼背，拿一小拐棍，走起路来挺精神。他想，这位老太太气质倒跟苏母适合，就盯着她，看她的举止行动，她走到趵突泉，他也一直追到趵突泉，细心观察、模仿，然后用到戏里去。这出戏后来到北京演出，他的苏母受到观众赞赏。

《清风亭》是周信芳和刘斌昆合演的麒派代表剧目之一，珠联璧合，脍炙人口，是我最欣赏的一出好戏。周信芳饰演打草鞋老人张元秀，刘斌昆扮演磨豆腐老妇人，是一对相依为命、孤苦伶仃的老夫妻。他们多年来边演边改，边改边新，相互默契帮衬，使这出戏成了他们的拿手戏。他们提出这对夫妻的三次出场，应当要有三个不同样，表现出三个不同的层次。

刘斌昆领会，这对老夫妻第一回出场，大约60岁，是出门去看灯，他们的身体还比较健朗，像两棵还没有黄叶枯枝的苍松。第二回出场，他们领养的孩子张继保13岁了，而老夫妻已都73岁，身子骨不像看灯时那样硬朗。赶子以后，因为思子而终日愁苦，老人生病了。到了第三层次，张继保中状元回来，老两口已经80多岁，风烛残年，老态龙钟。三个层次不同，角色的表现也应有所不同。刘斌昆饰演的贺氏，第一层次出门看灯，因为身体健朗，贺氏应当跟张元秀一样高。到了第二层次，体态变化，心情愁苦，贺氏身材比张元秀矮二寸。到了望子时，老妇人比她老伴矮半头还多一点，又要存腿，还不能撅屁股，尤其是一对老夫妻望子子不归黯然回去，贺氏一再回头远望，似见孩子归来，最后凄凉悲苦下场时，贺氏一步三回首，这揪心的三回首，催人泪下，引起无限的联想。

还应当提到刘斌昆演《龙凤呈祥》中的吴国太的往事。

有一年，上海伶界联合会在共舞台义演《龙凤呈祥》，梅兰芳的孙尚香、林树森的刘备、周信芳的乔玄、盖叫天的赵云、刘斌昆的吴国太。不巧开演那天，梅兰芳患重感冒，嗓子哑得有点唱不出来，可是那天是义务戏只好坚持着唱。演到"别宫"一场，主要是梅先生和刘斌昆的戏，刘斌昆平平稳稳地保着梅先生唱了下来，顺利地演完。梅先生事后对人说："刘先生是个好把式，我重感冒实在难受，因为是义务戏不能不演，刘先生保着我唱，他不像别人坑我。"刘斌昆听了后说："我是遵照老师教导'会做人才会演戏'的道理去做。"

我还觉得刘斌昆在《打渔杀家》中扮演教师爷的表演值得赞赏与

肯定。他刻画的教师爷，不是一个简单的草包式人物，更不是一个脸谱化的打手。他经过思考，掌握三个层次。这个人物一出场，有的演员这样念："好吃好喝又好搅，听说打架我先跑。"他不同意这样念，这个人物一出场，就先把自己暴露了，那么下面还有什么可看？他是这样念："拳打南山豹，脚踢北海蛟。"先要夸张教师爷的威风架子，是仗着主人声威奉命到萧恩家讨渔税来了，一副打人的架势咄咄逼人。

第二个层次，来到萧恩家叫门，教师爷还是盛气凌人、不可一世的样子。可萧恩不动声色，冷静应对，教师爷得意忘形，不自量力，让萧恩一点穴，就像泄了气的皮球，教师爷的原先那股气势已经减去了一大半。强弩之末还想逞强，到第三层次，跟萧恩一交手，教师爷的原形毕露，丑态百出，原先那个气壮如牛的教师爷，最后成了一触即破的纸老虎。刘斌昆认为教师爷虽然是个配角，但是，只要恰当掌握人物性格，加以层次分明地表现，照样会给人以鲜明的印象。

怀念丁是娥

　　1988年6月28日,沪剧表演艺术家、上海沪剧院名誉院长丁是娥,因患癌症,医治无效,永别上海广大观众和沪剧界的伙伴们,驾鹤远去。她在重病期间,撰写了题为《终生追求,矢志不渝》的热情文章,她说:"粉碎'四人帮'后,《鸡毛飞上天》里'教育虎荣'的唱段又在社会上广为传唱,我的演出任务接踵而至,如《甲午海战》里的金堂妈,《峥嵘岁月》里的吴大妈,《特殊战场》里的女干部,《被唾弃的人》里的林老师,又复演《芦荡火种》中的阿庆嫂。灌进我耳朵里的是笑声和掌声,但我却听到自己的心声,我已年过花甲,应该像银幕上'淡出'那样,在观众的记忆里淡化,由淡到无,而让青年演员们渐渐进入观众的印象,由淡而浓,最后代替我,超过我。"

　　丁是娥这番出于肺腑的遗言,使人们忍不住同声痛哭,而又衷心地敬崇她,深情地怀念她。

　　丁是娥,原名潘咏华,1923年生于缫丝工人家庭。穷人的孩子早当家,她6岁就开始领着弟妹做家务。她家附近有个戏班子,她每次到老虎灶泡开水,听到锣鼓声,就站住了。有一天一位叔叔带她去看了第一次戏,散戏后,她跑到戏班子央求:"我也要来唱戏。"戏班子的一个艺人对她说："小姑娘，唱戏苦哇，回去问问你家大人肯不肯。"丁是娥回到家真的问了，谁知母亲气得脸发青："唱戏的来世不能投人身。"坚决不让女儿去唱戏。过了些日子，一个远房亲戚带她去看申曲《白兔记》，本地人看本地戏特别亲切，从此她迷上了申曲。1932年，母亲病逝，她要被送给一户人家做童养媳，她哭喊着："我要唱戏，不去做童养媳。"多亏好心的姑母拿出50块大洋："这个小囡归我，我做主，让伊去学戏。"1933年，她9岁，到申曲班演《白兔记》的丁婉娥老师处拜师学艺，丁老师给她起艺名叫丁是娥，说："取这艺名有两层意思：一，侬是我的娥；二，申曲界有个唱出名的孙是娥，希望侬像伊将来挂霓虹灯牌子。"

丁是娥在丁婉娥老师家学艺八年，帮师一年，整整九年，走出丁老师家门，走进东方饭店（今上海工人文化宫）二楼的东方书场，成为石筱英领衔的鸣英剧团的一员。1943年初，丁是娥进了施家班，在新都剧场（今上海市第一食品商店）演出。不久，施家班推出新戏《女单帮》，写的是上海沦为"孤岛"后，日寇与汉奸统治物资，老百姓处于水深火热之中，为了求生存，不少人被迫走上跑单帮这条危险路。剧中女主角舒丽娟的身世遭遇，正是当时社会的缩影，生活在"孤岛"底层的老百姓，对这部戏感到亲切，对跑单帮的寄予深厚的同情，戏演得合乎时代潮流，顺乎民心，受到观众的热烈欢迎。丁是娥主演《女单帮》，这是她满师后挑大梁的第一部戏，成了她的成名作，成了沪剧舞台上的热门戏，轰动了上海滩。

提起沪剧，上海郊区的农民，直到今天还习惯地称沪剧为"本滩"。原来，沪剧就是起源于上海附近乡村农民口头流行的山歌、小调。但是，自从沪剧进入城市后，它和农民的接触渐渐少了。"吃饭不忘种田人，女儿不断娘家路。"丁是娥倡导"沪剧回娘家"活动，受到姊妹沪剧团的积极响应。

记得上世纪60年代的一个元旦，上海人民沪剧团组成演出队，到上海北郊莘溪乡为乡亲们送戏上门。丁是娥、解洪元演唱了《拔兰花》片段，农民们议论开了："唱《拔兰花》的女同志不是'小飞蛾'吗？""是她，今朝'小飞蛾'回娘家来了，你们看，后面还跟个'张木匠'呢！"农民们在一片欢笑声中谈论着他们喜爱的演员。

很多沪剧观众，不会忘记丁是娥几十年来在舞台上所塑造的众多形象。

沪剧团在"回娘家"演出过程中，还访问农业社，征求农民看了演出后的意见。一位农民说："你们别的都好，就是在台上摘棉花的手势不对，你们是用一只手东一抓，西一抓，摘棉花可不能这样摘法，照你们的摘法，把皮壳连棉花一起摘下来，那就费事了。"

在莘溪乡联盟农业合作社主任的家里，副主任沈长根招待演员们坐定后，站起来讲话："此地沪剧很少看到，生产任务忙，社员们到市里去看戏的更少。今天你们一来就到我们社里，实在难得，就请演员同志们唱一支。"农民们边喊边鼓掌，屋子里已经挤得密密层层，可是门外的农民还想往里面挤。沪剧团看这样热烈的场面，决定到屋子外面空地去演唱，没有带乐器就清唱，没有鼓板就找来一块竹片、一根木棒，就能拍板，丁是娥、向佩玲演唱了《女看灯》。

"沪剧回娘家"演出再次使丁是娥体会到，要演好戏，塑造好人物，熟悉生活、体验生活、学习生活是多么重要。如果对生活不熟悉，凭想当然来扮演人物，是不可能被观众接受的。这，使她想起1955年根据同名电影改编演出的《翠岗红旗》，观众反应不好，主要原因在于改编剧本时，强调大改革，忽视了沪剧的基本特点，观众议论说："怎么沪剧不像沪剧，话剧不像话剧，是不是买错了票，走错了剧场？"丁是娥认识到，要演好戏，要为观众接受，必须要有生活，要从人物出发，要符合剧种的基本特色与风格，不具备这些必要条件，就会失去观众。

丁是娥一生曾演过"童子生旦"、花旦、正旦、老旦等各种角色，她在艺术上能刻苦钻研，善于吸收电影、话剧的表演方法，以细腻真切著称。她的唱腔婉转、绮丽、多彩，善于抒发人物内在感情，自成一家，人称"丁派"。在她塑造的众多人物形象中，她在《芦荡火种》中饰演的阿庆嫂，可算得上是舞台艺术形象的高峰。

在塑造这个既是茶馆老板娘又是地下党联络员的艺术形象时，丁是娥抓住了人物的主心骨，表演阿庆嫂不卑不亢，不温不火，注重分寸，恰到好处。她对"智斗"细节的处理生动鲜活，细腻传神。当胡传魁向刁德一介绍阿庆嫂时，她明显感到刁德一的不信任，因此站在原地不动，仅用眼神随意打量一下，上下稍微一看，就在一刹那的眼神运用中，充分展现阿庆嫂的警觉敏锐和从容大度。"智斗"中设计的三重唱，丁是娥饰演的阿庆嫂，以她机智沉着的神态，唱出她与刁德一、胡传魁之间，利用矛盾巧妙周旋，战胜敌人的主动积极的心情。

丁是娥的唱腔以绮丽多变、清幽甜美著称，她在运用【反阴阳】曲调时，完美地显示了她的抒情唱腔的特点。【反阴阳】曲调有叙事与抒情的功能，既可表达哀婉，也可表达激越。她在《罗汉钱》"回忆"中的小飞蛾，《雷雨》中的繁漪，《甲午海战》中的金堂妈的演唱中，虽然都运用【反阴阳】，但是却有不同的处理。小飞蛾回忆，以【平板】起腔，逐渐通过手中拿着的罗汉钱，回忆过去的悲痛情景，痛定思痛，逐渐由平复转向起伏奔腾。在繁漪与周萍的对唱中，她想挽回周萍的感情而诉述心迹，这与小飞蛾的回忆完全不同。而在金堂妈"祭海"中，她痛斥日寇暴行，以控诉的激情来表达丧夫失子之痛。丁是娥从人物出发，抓住规定情境，唱戏唱情，以情动人，真情唱心声。

1985年8月，上海沪剧院上演现代剧《逃犯》，描述一个在押犯人逃跑后，在朋友、社会和管教人员的教育感召下，悔过自新的戏。演出后，社会上反响热烈。时任中央负责政法工作的陈丕显同志了解剧情后，即与青海省负责政法工作的马万里同志联系，建议派上海沪剧院《逃犯》剧组赴青海劳教农场为管教人员和劳教人员演出。

丁是娥接受这个使命，义不容辞地率领《逃犯》剧组立即奔赴青海西宁。演出的那天，观众中有不少犯人是上海服刑人员，他们曾经看过沪剧，熟悉丁是娥饰演的小飞蛾，如今相见，深深地被《逃犯》的情节所感动，不少犯人泪水横流，低头抽泣。是悔恨，是感召，是兴奋，难以说清。演出获得了极大的成功。

在西宁演出期间，丁是娥来到关押上海服刑人员的监狱，了解他们在青海服刑期间的表现，她逐一看了服刑人员的住地，向他们询问生活情况和对罪行的认识。

在西宁演出结束后，丁是娥还驱车到离西宁一二百公里的青海湖劳教农场，给劳教人员带去了上海人民的温暖和期盼，她还举行劳教人员座谈会，了解他们的劳动、学习、改造情况，并向他们介绍了上海社会主义事业的发展和成就。

丁是娥，"终生追求"舞台艺术的完美；"矢志不渝"做一名合格的演员。

难忘的沪剧名家顾月珍

2015年2月1日，长宁沪剧团演出由薛允璜编剧、王青执导、汝金山作曲、陈甦萍担纲主演的新版《赵一曼》，受到观众、戏剧界、媒体的关注。2015年是中国人民抗日战争暨世界反法西斯战争胜利70周年，又恰逢抗日女英雄赵一曼110周年诞辰，此时此刻，上演《赵一曼》，"昭昭前事，惕惕后人"，这是具有极其深刻的历史和现实意义的。

早在7年前，长宁沪剧团团长的陈甦萍，就有意重新创演新版《赵一曼》。

我非常赞赏陈甦萍这种心存大志、胸怀大勇的行为，也使我回想起，长宁沪剧团的前身努力沪剧团，在上世纪50年代曾经创演过《赵一曼》。当年，主演赵一曼的是努力沪剧团团长、沪剧表演艺术家顾月珍。

时光闪回，沪剧名家顾月珍的苦难人生，她攻坚克难，矢志创演《赵一曼》的事迹，历历在我眼前显现。

时间倒回到1921年，一个雨雪纷飞的冬夜。上海苏州河一带的棚户区，灯光暗淡，行人稀少，一位夜归的老竹匠，在寂静的石子路上踽踽而行。忽然,从一条小弄堂传出阵阵婴儿的凄厉哭声。老竹匠循声走去,发现垃圾箱旁有个婴儿。老竹匠夫妻二人,年已半百,无儿无女,他正想把婴儿抱起,但想到家境贫困,无力抚养,只得转身离去。猛听得婴儿一声声撕肝裂胆的啼哭声,老竹匠终于解开棉袄,把婴儿搂进怀里,这个侥幸活下来的弃婴就是后来的沪剧名家顾月珍。

侥幸活下来的顾月珍,从小帮助老竹匠夫妇,在苏州河里淘米、洗菜,推车上街,修理竹器,在她幼小的心灵里除了愁苦没有别的,唯一的乐趣是夜晚到家附近的米店里,听一位申曲迷拉胡琴,渐渐的她喜欢上了申曲,申曲后来发展成为今天的沪剧。

刚满14岁的顾月珍想着替老竹匠夫妇分忧,她四处打听,希望能够找到事做。她在缫丝厂门口排过队,还在纺纱厂工头面前求过情,甚至到码头上眼望着扛大包的工人们发呆。可她这样又瘦又弱的姑娘,哪有她立身的地方?

有人劝她去学申曲,唱戏赚钱,帮助家用。提起申曲,她的耳旁仿佛响起米店里那悠扬的琴声。她动心了,可老竹匠劝她不要去学戏,说唱戏受尽凌辱,受累吃苦,那是火坑,全怪我们老夫妻不中用,养不起你。

可顾月珍决心已定,谁的劝说都没法改变她的主意。老竹匠借来了拜师钱,老母亲借来了布旗袍,14岁的顾月珍正式拜顾泉笙老先生为师。

顾泉笙收了徒弟,只是让徒弟端茶拎包,跟着到演唱的书场、茶楼跑跑,遇到师父高兴,教唱几支曲子,在这种情况下,要想学到真本领很难。顾月珍下定决心,要争气,顽强刻苦地学唱,每天清晨她到一位老艺人家去学戏,同时帮老艺人做家务,每逢进书场、茶楼,她悄悄地站在幕侧，偷看前辈和同伴的演出，把唱词、动作都记在心里。

学艺几年以后，顾月珍正式登台演出，她在新戏《空谷兰》中反串童子生良彦。良彦是个失去生母、备受后娘欺凌的苦孩子，戏里面有良彦在生母灵前的大段哭诉，激发起顾月珍辛酸的记忆。她觉得自己最了解良彦、同情良彦，她要替良彦，也替自己控诉人间的不平，她要倾诉胸中长年积郁的无限愤恨。从她心灵深处迸发出来的感人的唱腔，打动了观众，于是，《良彦哭灵》一曲在社会上流传，风靡一时。

顾月珍渐渐地"红"起来了。她在《西太后》中塑造珍妃形象，她认为，珍妃虽然是宫帏中的贵妃，但这位贵妃抱有祈求国家强盛的愿望，却屡遭迫害，囚禁冷宫。顾月珍为了演好这个人物，在乐师赵开文的帮助下，运用【反阴阳】曲调，设计了一曲如泣如诉、哀怨悱恻的《冷宫怨》，生动地描绘出珍妃的真实生活，这正是顾月珍的心声流露。《冷宫怨》拨动了无数观众的心弦，激起了观众的心灵共鸣，这个曲调顿时成为受人赞叹的名曲，成为沪剧富有艺术魅力的曲调之一。

在《上海屋檐下》中，顾月珍虽然演的是配角，但是她照样一丝不苟，认真表演。她演的角色啜泣时正好背朝观众，她利用肩膀抽动幅度变化，恰到好处地表现了人物情绪的变化，观众说她"背上都有戏"。正如田汉同志赞赏她："演戏非常认真，不但自己表演得好，就是别人表演时，也能有相应的动作、表情，从不松懈、疏忽。"

上海解放后，1949年9月1日，以顾月珍为团长的努力沪剧团组建成立，演出的第一个戏，是根据李季长诗改编的《王贵与李香香》。接着，她自导自演了《八年离乱》《天亮前后》，她在改编中对情节作了新的处理，即在主人公素芬经历坎坷命运走向尽头时，不再是投江自尽，而是带着婆婆和儿子到解放区去寻找光明的生路。

这个改动，不仅表达了顾月珍对创造新生活的决心，同时反映了中国妇女摆脱被压迫被欺凌的命运，走向光明前途的决心。这个改动，使素芬的形象在观众中引起了强烈的共鸣，不少有过苦难经历的妇女给顾月珍写信，表达了自己决心从不幸与痛苦中站起来，勇敢地生活下去的心声。

顾月珍接连编演了《好媳妇》《母与子》《翠岗红旗》《志愿军的未婚妻》等好戏，塑造了不少朴实善良、勤劳智慧的中国妇女形象。为了在戏曲舞台上塑造更多的新人物、新形象，她自觉地深入到社会生活中去，接触新人物，体验新生活，一面着手改革剧团的体制，以适应新形势的需要，一面带领全团同志努力创作排练新剧目。从1952年开始酝酿，着手编写的《赵一曼》就是其中的一个重点戏。

把抗日联军女英雄赵一曼的事迹搬上沪剧舞台，这不是一件容易的事，是一次难度极大的挑战。因为以往沪剧舞台上极少表现这样的题材，沪剧演员也很少表演这样独特性格、英姿飒爽的女英雄形象。对顾月珍来说，她比较熟悉的人物多数是受苦受难、命运坎坷的苦命妇女形象，她的唱腔也更多偏向哀怨凄苦、倾诉苦难的哀怨曲调。要演好赵一曼这样的人物，她需要作多方面的努力，才能突破旧框框，获取新的表演手段，开辟新的舞台天地。

顾月珍是个决心下定、知难而进的有心人。一方面，她阅读有关历史资料，访问部队，与女兵交朋友，以增强领会部队的精神风貌，熟悉部队的战斗生活。另一方面，她夜以继日地与编导作曲人员反复探讨，不断琢磨表演艺术、唱腔设计和舞台美术，并进行大胆的突破和改革。

为了演好赵一曼，顾月珍根据自己的嗓音特点刻画人物性格，改变了沪剧曲调低沉婉转的旋律，在沪剧唱腔中首次使用了D调，唱出了高音区的强音，同时打破沪剧基本调的格式，组合成新的成套唱腔，为运用沪剧音乐揭示英雄人物的内心世界，作了有益的探索。她在"教育小韩"与"向党宣誓"两场戏中，充分发挥了深沉稳重的表演风格，以激动真诚的心情唱出了感动人心的曲调，获得了较好的艺术效果。

夏衍同志得知沪剧《赵一曼》的创演，认为戏曲反映这样的英雄人物是首创，是第一个，为了使剧本更加严密，他亲自动手修改。沪剧《赵一曼》1953年在新光剧场首演，获得空前的成功，连演三个月，深受观众欢迎。努力沪剧团带着夏衍同志的修改本，参加1954年9月华东戏曲观摩大会，顾月珍主演的《赵一曼》荣获演员一等奖和演出奖。同年，市文化局组织慰问团，以努力沪剧团的《赵一曼》这出新戏，向驻扎在南京、湖州、嘉兴一带的中国人民解放军部队作慰问演出。

1956年，顾月珍被选为上海市文化艺术先进工作者；1958年，被选为上海市妇女社会主义建设积极分子。同年，党组织批准她为中共党员。

回想顾月珍的艺术人生道路，是要让我们铭记：沪剧的现实主义传统，不仅要求剧目能反映现实生活，而且要求演员能真实地、质朴地再现现实生活，要不倦地创演受观众欢迎、为时代所需要的好戏，要摒弃那些追求形式主义、低俗趣味的表演，让沪剧艺术坚守艺术理想，永远为人民抒写，为人民抒情。

榜样的力量是无穷的。温故有益于知新。

沪剧《赵一曼》的演出，不仅给沪剧人，也给广大青年演员和观众以深切的思考与启迪。

王盘声抒情唱心声

京剧有"十净九裘",沪剧有"十生九王",美誉联翩,这是由于裘盛戎、王盘声二位表演艺术家的唱腔深受观众喜闻,他们从人物出发,抒真情,唱心声,以情动人,娓娓动听。

回想早年,王盘声初学期间,他对唱腔却不开窍,缺少悟性。他的姐姐小筱月珍出于好心,让王盘声拜陈秀山为师。陈秀山待人和气,技艺高超,唱做都好。

有一天,王盘声到师傅家去练唱,请师兄兼琴师陈达山伴奏。师傅叫王盘声唱一首开篇,王盘声从未在大人面前唱过,一时情绪紧张,脸发烫,心直跳。琴师一次又一次拉过门,催促王盘声开唱,可他直咽口水,几次想开口起唱,却发不出声来。师傅便带着王盘声踏进大世界游乐场,想给王盘声打开眼界,可是王盘声只感到眼花缭乱,心思很不平静。

因此,王盘声的学徒期限要比别人长,别人只要三年,他却长达六年。当时有位老先生曾对王盘声说:"你这小鬼要出道,除非太阳从西方出来。"

当时在一些人的心目中,认为王盘声已经不适宜当演员,他也很自卑。可想到姐姐的好心引荐，师傅陈秀山的耐心开导，琴师陈达山的热情帮助，他觉得不能辜负他们的谆谆教导和殷切期望。他决意努力学戏，只要有空，便站在侧幕后面用心看戏，细心听，默默地背诵，几年下来，他"偷学"了不少戏，胆子也大了起来。

虽然他肚子里的老戏渐渐多起来了，但是他对有些戏中低俗淫秽的唱句和表演动作很不喜欢，尤其是看到舞台上男女演员那种轻佻低俗的调情表演，从心底里感到特别难受。他是个爱动脑筋的人，于是对那些轻浮粗俗的唱词与表演形式，从厌弃开始，以实际行动加以改进。他唱老戏时，就对许多唱词有所选择地作了修改，比较正常可取的保留，不堪入耳的低俗唱词一律删除。

从此以后，王盘声逐渐养成自己动手修改唱词、自己安排唱腔的习惯，即使是现成的唱词，他也要事先仔细琢磨一番，逐字逐句感到妥当后才拿出去唱。

王盘声这个习惯成了他一生中的唯一爱好，他别无所爱，就是有个习惯，经常在走路、坐车、吃饭后、睡觉前，嘴里不停地琢磨唱词，推敲含义，研究怎样咬字，注意发声、口型。于是一个重要的文具出现了，那就是他始终随身携带的小本子。他在日常生活中，凡是对沪剧演唱有启发、有帮助、有提高的所见所闻所感所悟，统统记录在小本子上。

比如，早年上海的黄包车、三轮车工人和小商小贩，都能随口哼几句："是三生有幸""老徐策，我站城楼……"王盘声还在孩童时期，麒麟童（周信芳）的名声已经家喻户晓，麒派唱腔深入人心，因此王盘声和小伙伴们一起玩时也爱唱《萧何月下追韩信》《徐策跑城》《斩经堂》中的唱段。这说明麒派唱腔好听、好懂、好学。后来，他把对麒派表演艺术的体会记在小本子上。

王盘声体会到，凡是名角，都有深受观众公认和喜爱的"看家戏"，他师傅有《卖冬菜》，二师傅筱文滨有《陆雅臣叹五更》《小分礼》《十八押》，而"看家戏"往往是和精彩唱腔联系在一起，好戏加上好听唱腔，就会产生意想不到的效果，就会在观众的口碑中流传。这说明编演好戏同时创造动听的唱腔，是沪剧表演艺术发展的重要条件。

1948年，由王梦良编写的《新李三娘》(根据南戏《刘知远白兔记》改编)，在当时的中央大戏院上演，这是由表演形式简单的申曲，走向年轻的沪剧时期的一出正规大型舞台剧，新戏新景象，观众热情踊跃。

《新李三娘》说的是年轻的刘智远贫苦无依，被李员外好心收留，并将其女三娘许配为妻。李员外病故后，势利的舅嫂奚落智远，逼得他顾不得即将分娩的三娘而出走，去外地投军。三娘在家受虐，磨房产子，饱尝苦难。刘智远在军中充当更夫，心中极度愁苦。十六年后，他立下军功，任九州安抚使，遂回家与妻团聚。

王盘声当时已由二路小生晋级为"正场"小生，担任刘智远主要角色。初演那天，戏院门前热气腾腾，人声鼎沸。当演到刘智远敲更一折，观众反应平平，未见彩声连连。王盘声卸妆后，暗自思忖，"刘智远敲更"本该是极好的情境，为什么观众的反应平平呢？他想到早期沪剧的基本调变化不大，新戏中的"独叹"与传统老戏里的"叹桩头"并无多大区别。用老调来演新戏，自然引不起观众的兴趣与激情。他在小本子里写上自己思考的核心问题：怎样使这个唱段取得应有的效果？

于是他对"敲更"作了重新的分析和梳理：首先仔细理解剧情，在刺骨寒风、夜深人静中，抒发刘智远怀才不遇，伶仃异乡，思念三娘的复杂心情。他和琴师周根生交流意见，感到此情此景需要重新设计唱腔，并且对原有的行腔速度要作大胆的变动，把原来的中速节拍放慢一半，改成慢板，这样，琴师原来的伴奏过门也必须作变动，而用"加花"穿插在过门之中。经过舞台实践，王盘声神完气足，在台上越唱越出情，越唱越真切，而琴师的伴奏也越拉越激动，过门不断"加花"，这个"花腔新过门"新颖、优美、激动人心，也为王盘声的演唱推波助澜，使剧场气氛高潮迭起，雷鸣般的掌声四起。从此，一曲"敲更"在上海的街头巷尾流传。王盘声在小本子上记下这样的体会：唱腔的改革，离不开琴师的认真配合，琴师的努力合作功不可没。

继《新李三娘》之后，范青凤的《碧落黄泉》问世。在这个描写一对青年恋人悲苦命运的新戏中，王盘声饰演男青年汪志超。初演时期，"读信"这场戏采用电影"画外音"的手法，江志超拿着信，站在舞台中间，而饰演女青年李玉如的演员凌爱珍却躲在幕后对着话筒唱出信中的内容。可是演出的效果并不理想，观众的反应十分平淡，而且信的内容只有短短八句，不能够让观众有身临其境的感觉而被深深打动。尤其是饰演江志超的王盘声和饰演李玉如的凌爱珍两位演员，一个在舞台上长时间站着不开口，另一个躲在幕后虽然在唱，但是当时的音响设备技术较差，一旦发生技术故障，那就洋相百出，十分尴尬，演出气氛完全被破坏。这种不如人意的演出效果，已经到了需要变革的时候。这样，修改"读信"这场戏的重任落到王盘声的肩上。

王盘声听扮演李玉如的凌爱珍再三表示"不想再躲在幕后唱那封信了"，而自己虽然站在台上，手里拿着信，既不唱又无表情，也非常尴尬。那么，能不能让"志超读信"呢？可信的内容只有八句话，又太简单，能不能充实信的内容呢？

王盘声琢磨多时，考虑停当，就决定玉如的信由志超来读，信的内容由八句增加到七十多句，他觉得表面上李玉如写的"志超、志超，我来恭喜侬"是祝贺信，实际上是玉如在奄奄一息之际，向自己心仪已久的恋人倾诉衷肠的诀别信。他思路清晰，感情充沛，一边作词，一边哼腔，一封如泣似诉的诀别信一气呵成。

当演到"志超读信"上场，王盘声演唱时情真意切，热泪盈眶，全场观众静声聆听，含泪贯注，当唱完最后一句，全场掌声响成一片，经久不息。从此"志超读信"不胫而走，电台点播，街头传唱，剧场门前，人声喧哗。尤其是上海解放后，艺华沪剧团在九星大戏院公演，戏院前人山人海，挤得车辆难行，连玻璃窗都被挤破。

解放后，王盘声通过学习，提高认识，他懂得一个道理，沪剧可以上演经过整理的传统剧和西装旗袍戏，但是，沪剧应当跟上时代，上演反映现实生活的现代戏。要演现代戏，戏情改变，人物特殊，性格多样，要求不同，沪剧的唱腔也要进行改革。王盘声的小本子里记录着他所思考的内容，现代戏中的人物和传统戏里的人物不同，唱腔应当与过去的唱腔要有显著的变革，沪剧原有的唱腔不够用了，需要博采众长，吸收兄弟剧种的唱腔，为塑造新人物所用。

王盘声在《金沙江畔》中饰演红军金明，"赶路"一折，表现战士充满激情，豪情满怀的神态，感到沪剧的原有唱腔已见不足，他就借鉴评剧唱腔中后半拍开唱的特点，运用到金明赶路的情境中去，既高亢有力，又轻快欢悦，既保持沪剧的韵味，又带点异乡情调。在《艰难的历程》中扮演红军政委梁晓光，一段"铁骨铮铮英雄汉"的唱腔；在《黄浦怒潮》中饰演林耀华，在狱中"写遗书"一折，他写"三封信"的唱腔……都从人物出发，设计符合规定情境和人物心情的唱腔，使沪剧的表演艺术有所改观，有所发展，有所创新。

石筱英：配角也风流

沪剧表演艺术家石筱英，被观众和行家公认是难得的唱做俱佳的优秀演员。在她60年的艺术生涯中，塑造了许多艺术形象，创建了石派唱腔，成为沪剧演唱中的重要流派。1942年，丁是娥刚满师参加"鸣英剧团"时，石筱英是这个剧团的主要演员。那时候丁是娥、王雅琴、杨飞飞都在这个剧团里演出，她们亲切地称呼石筱英为石大姐。

这位石大姐是个苦出身，家境穷困，学艺受苦，风雨中走街卖唱，忍饥挨饿苦苦学戏。

她，本姓潘，1918年2月8日出生在上海南市一户贫民家中，生活拮据，度日如年，不料雪上加霜，她幼年时父母双双去世，孤苦伶仃，无依无靠过着煎熬日子。9岁那年，她被申曲演员石根福夫妇领养，取名石筱英，开始学艺，跟着养父母走街串巷卖唱，接着在茶楼、小剧场唱传统对子戏、同场戏、连本弹词戏，打下了比较扎实的艺术功底。她对南市一带的街坊邻居怀有深厚的感情，这里的每一条街道小巷，都留下她年轻的脚印，这里的每一处里弄民宅，都洋溢着她清亮动情的歌声。1935年，她16岁，石根福夫妇组建"福英"申曲班，她的演唱已经得到观众的认可和喜爱，成为这个申曲班社的台柱，在南市一带小有名气。

经过十年多的演唱锻炼,她开始与养父母同台演出,后来她自己组建"鸣英剧团",又与施春轩的"施家剧团"、筱文滨的"文滨剧团"搭班演唱,和众多名家同台献艺,演唱艺术得到显著提升。这期间,她主演了《黄慧如与陆根荣》《阮玲玉之死》《叛逆的女性》《石榴裙下》等。1946年她与邵滨孙等组建"中艺沪剧团",演出《大雷雨》《秋海棠》《杨乃武与小白菜》等,塑造性格各异、命运不同的女性形象,她的表演艺术愈见成熟,观众口碑赞赏有加。

这里我着重讲一讲石筱英上世纪40年代初演、60年代复演的她的代表剧目之一《叛逆的女性》。

石筱英主演的徐纫秋,是一个消沉哀愁的年轻寡妇,一个使观众寄予深切同情的悲剧人物形象。随着情节的展开,矛盾的深化,人物的内心世界越来越复杂,演员的表演也越来越见功力。徐纫秋没有想到,劝她不要守节的大学生竟是小叔周民伟,而周民伟也没想到,要徐纫秋守节的公婆却是自己的父母,徐纫秋就是自己的嫂嫂。二人在周家骤然相遇,这时候,石筱英在惊愕、喜悦中随即显露出哀怨的眼神,将角色的内心情感细致有层次地表现出来。周民伟对徐纫秋由同情渐渐发展到爱慕,叔叔约嫂嫂后花园深夜相会,徐纫秋意识到当时她的身份与处境,联想到他们花园相会的危险性。但是徐纫秋是个向往美好生活的新女性,她被周民伟的真情打动。可是,世间并非有情人终成眷属。叔嫂花园相会被公婆发现,徐纫秋受尽公婆冷嘲热讽,悲愤成疾,当周民伟新婚之日,她服毒自杀。

石筱英以细腻质朴、真切感人的精湛表演,刻画人物个性,无矫揉造作之嫌,有激发心灵之美。

石筱英的唱腔绘声绘色，以声情并茂、优美柔和、韵味浓厚显示其特点。她擅长从人物出发设计唱腔，从情节需要制定调式，围绕特定情境，选定符合特定情境需要的唱腔，唱出规定情境的气氛，唱出特定人物的心声。她的唱腔成为沪剧的一个重要流派，为沪剧音乐的发展作了一定的贡献。

石筱英在塑造名门少妇这类人物上，具有独到的艺术功力和造诣，成功地创造了许多生动的舞台形象，受到众多观众的爱戴。

1952年开始，石筱英的演艺生涯中出现了重要的角色转换，她从常演名门少妇、闺阁怨女著称剧坛，逐渐改演老旦、彩旦等中老年人物形象。这种演艺生涯的变化，对石筱英来说无疑是思想感情乃至名誉地位观念的极大挑战。

当时，由石筱英、邵滨孙主持的"中艺沪剧团"，与由丁是娥、解洪元为首的"上艺沪剧团"合并，成立国营剧团"上海市人民沪剧团"（上海沪剧院前身）。为了参加当年在北京举办的第一届全国戏曲会演，上海市人民沪剧团排演《罗汉钱》，作为重点参演剧目。石筱英被安排饰演剧中的五婶这个反面人物。她第一次接受扮演彩旦这样比较生疏的角色，有过激烈的思想斗争。经过导演张骏祥老师的启发，剧组同志们的支持帮助，她端正态度，认清目的，服从分配，用心体验，把一个花言巧语、封建脑袋的媒婆，从内心到外表，演得活灵活现、恰到好处。她的表演被一致公认极其出色，十分成功。她扮演的五婶荣获全国戏曲会演演员一等奖。

从此以后，石筱英只在1957年11月演出《母亲》中担任主演外，几乎所有她演出的戏中都当配角。《芦荡火种》中的沙老太、《杨乃武与小白菜》中的杨淑英、《雷雨》中的鲁妈、《战士在故乡》中的张大婶、《鸡毛飞上天》中的顾婉贞、《阿必大》中的雌老虎等,她演配角另辟蹊径,勇攀高峰,以她表演艺术家的深厚功力,创造了众多惟妙惟肖的舞台形象。

这里,举她演出《金绣娘》为例。这个戏是她"文革"以来被迫离开舞台11年后上演的一个新戏。戏里有个伪保长太太老板鸭,是个反面角色,又是个配角。别人不想演,石筱英看了剧本说:"让我试试。"但是到了排演场上,这个刁钻阴险、愚蠢、卑鄙的老板鸭的形体动作怎么表演,她一时感到纳闷了。经过一番细心琢磨,她想起口技表演艺术家孙泰学鸭叫,模仿鸭子走步的姿势,那种惟妙惟肖的神态使她得到启发。她还记得在乡下演出时,看到村子里鸭子受惊后急飞快逃,鸭子在闲散时的慢步,使她从中体会到这个阴毒又愚蠢的老板鸭的性格特征和形体动作。演出后,她的表演出乎意料地获得了成功。

1988年3月,石筱英因病住院检查。医生诊治后,发现她得的是肝癌,动了手术,但是医生并没有把病情对她明讲。过了几个月,她的病情起了变化,感到神疲体乏,不思饮食。她有所感觉,恳切地问医生:"我到底生什么病?医生,请你老实告诉我,我好配合你们。"当医生对她实言相告后,开始她感到惊慌不安,但是,过了一会,她慢慢平静下来,提醒自己:不要慌乱,需要坚强。她在病房里,自己料理生活,不去多麻烦护工,别人劝她多躺些,她说睡多了,会没力气的。

疾病时时折磨着她,但并没有削弱她对艺术事业奉献的精神。她有一个心愿:"等我病情稳定一点,争取再演戏,实在演不动,可以清唱,我要给南市一带的父老乡亲告别演出一场,把我所有演过的戏,统统清唱给他们听,这是我对他们养我教我的回报。"

她，有时静静地躺在病床上，但是，脑子里却老在思考演配角的问题。她想，一个戏的成功，不是光靠主要演员，而是要大家同心合力，相互配合。她演配角，要真懂"只有小演员，没有小角色"的道理，不论戏多戏少，要把配角当主角来演，这不是要配角去抢主角的戏，喧宾夺主，而是应当认真当好配角，毫不马虎，下功夫去钻研配角，做到有戏努力做戏，没戏决不抢戏，更不要为了表现自己，拼命硬做戏去讨好观众。作为一个配角演员，也要讲戏德，演配角同样要体验生活，有了生活积累就能够运用自如，得心应手。

她还想，把自己演好配角的经验感受，毫无保留地告诉青年演员，不厌其烦地开导青年演员，即使她不能上舞台表演，她还能讲、能唱，把她学到的东西唱给他们听，把她感悟的道理讲给他们去领会，她不能默默地带走。

我深深地体会到，石筱英这位优秀的沪剧表演艺术家，她的演剧思想闪光的亮点是，真正认识而且身体力行艺术实践的真理："主角红花秀，配角也风流。"

演员出身的剧作家文牧

1952年,我在上海市文化局创作室里认识沪剧编剧文牧。他淳朴得像农民,说话和气,穿着朴实,可工作起来干劲十足。

当时,他正和宗华、幸之执笔,将赵树理的小说《登记》改编成沪剧《罗汉钱》。他首先想到原著的背景是北方农村,需要改成南方乡村风情,符合沪剧的演唱要求,就能够为江南观众所接受。

当构思"回忆"这场重头戏时,文牧觉得,小飞蛾意外地发现女儿艾艾失落的定情物罗汉钱,不禁勾起自己埋在心里20年的往事,根据情节的需要,如果用【反阴阳】曲调,再请丁是娥来演唱这个核心唱段,一定能够体现"古井重波"的规定情境,有了这个核心唱段,戏就有了主心骨了。在我的记忆中,文牧是一个巧思妙想、金点子多、勤动笔动脑的人。

1952年11月,《罗汉钱》参加第一届全国戏曲会演,荣获剧本奖、演出奖,丁是娥、石筱英荣获演员一等奖。剧本发表于1952年《剧本》,1959年收入《戏曲选》第二卷。1956年,上海电影制片厂摄成戏曲艺术片,全国不少剧种移植演出,好评不断。

文牧,原名王瑞鑫,艺名王文爵,上海松江人,小学毕业后在米行当学徒。1936年拜申曲艺人王雅芳为师,在上海市郊及苏南一带流动演出。1947年参加"施家""上施"等沪剧团,既当演员又兼编剧。上海解放后的1949年5月,他在《赤叶河》(根据阮章竞同名歌剧改编)中塑造王大富形象,获1950年上海市春节戏曲演唱竞赛演员一等奖。

从演员出身转为编剧,这是一个优秀编剧极其珍贵的有利条件,也是一笔重要的精神财富。他在创作实践中,积累文化知识,提高文化素养。

他在十多年的演员生涯中,从农村乡镇到上海舞台,演过沪剧传统戏,也演过现代戏,他熟悉沪剧的艺术特点、艺术规律,熟悉沪剧的唱腔曲调,熟悉沪剧演员的表演风格、流派唱腔,他甚至熟悉沪剧观众的爱好和要求,他倾听观众的需求、观众的愿望,关注观众的反应,这一切都成为有成就的编剧必不可少的重要资源。

再以《罗汉钱》中"回忆"这场戏来说,文牧熟悉丁是娥的唱腔,是以绮丽多变、清幽甜美著称。文牧也熟悉【反阴阳】曲调有叙事与抒情的功能,既可表达哀婉,也可表达激越,正好运用这个曲调唱腔,反映"古井重波"这个特定情境。他对剧情、对人物心情、对规定情境心领神会,于是能够得心应手地写下这样既生动又含情的唱词:"为了迪个罗汉钱,甜酸苦辣都尝遍。二十年来心酸事,不敢回想埋心底。想当初还在娘家里,我与那保安有情义,偏偏是自己的婚姻难做主,一定要父母之命媒妁言……可怜我,受尽委屈难分说,眼泪倒流肚中咽。二十年日月不易过,这痛苦,永生永世难忘记。"

1953年,上海市人民沪剧团赴朝慰问志愿军归来后,文牧根据在朝鲜收集的生活素材,又参考刘白羽短篇小说《春天》,和汪培合作,创作演出了《金黛莱》。说的是中国人民志愿军侦察排长岳守营在清川江北岸搜索残敌时，救出了朝鲜妇女金黛莱和她的儿子泽勇的故事。

《金黛莱》1954年5月1日首演于静安区文化馆，同年10月，《金黛莱》参加华东区戏曲观摩演出大会，获剧本一等奖，还有导演奖、演出奖、音乐演出奖、舞台美术奖。

通过《罗汉钱》《金黛莱》的编演，文牧比较理解沪剧反映现实生活题材的能力。他深有体会的是，反映现实生活，必须深入实际生活，尽力从现实生活中去体验人物的思想感情，去熟悉现实生活中鲜活的人物。

原上海警备区副司令员刘飞同志，回想起1939年与其他35个伤病员在沙家浜抗敌斗争的往事，写成了长篇回忆录《火种》。

当年，任人民沪剧团团长的陈荣兰，曾参加新四军，了解当时斗争的艰难历程。当她和编剧文牧阅读了《火种》后，心潮激奋，久久难以平静。他们在激奋中想到这个题材可以改编为沪剧。他们把这个想法告诉刘飞同志，刘飞同志欣然支持，他积极主动地安排沪剧团剧组主创人员到由"江抗"36个伤病员发展起来的部队去体验生活。

不久，刘飞同志又安排剧组主创人员到浙江某部，与当年的715团战士们一起生活、练兵，切身体验解放军的思想感情和气质。

在进入剧本结构时，陈荣兰和文牧感到整个戏里男角色太多，显得戏的色彩比较单一。原先考虑戏里的春来茶馆是个男老板，能不能将男老板改为老板娘，有了女主角出现，可以增添许多戏，情节也会更加曲折生动。文牧进一步思考，将老板娘阿庆嫂定位为：公开的身份是茶馆老板娘，实际上却是党的地下联络员，她与18位新四军伤病员的命运息息相关。她身处复杂尖锐的斗争境遇之中，心系伤病员的安危。

文牧反复思考后,用"智斗"这场重头戏,来展示当时身处复杂尖锐斗争境遇中的阿庆嫂的机智、沉着、果敢、自信的精神风貌。这场重头戏,生动表现了不同人物的思想感情。阿庆嫂、胡传魁、刁德一三人运用背供加重唱,仿用歌剧的重唱方法,某些唱句由两人或三人同时唱出,显出钩心斗角的尖锐,结合身份、地位不同的动作体现,形成性格的强烈对比。

文牧的唱词是这样落笔的:

刁德一唱:新四军在此日脚长,一定在茶馆店里常来往,既然是行得春风有夏雨,我要问一声,你对他们照顾得如何样?

阿庆嫂唱:摆出八仙桌,招待十六方,砌起七星炉,全靠嘴一张。来者是客勤招待,照应两字谈不上。

刁德一唱:我看她不慌又不忙。

胡传魁唱:我看他不阴又不阳。

阿庆嫂唱:我看他不善又不良。

胡传魁唱:说话好像鬼打墙。

……

这场"智斗"的核心唱段,精彩纷呈,脍炙人口,受到观众的热情赞赏,流传广泛。

沪剧《芦荡火种》于1960年1月首演于共舞台。1963年12月,《芦荡火种》应中共北京市委邀请赴京演出,后被北京京剧团改编为京剧《沙家浜》。

1980年5月，上海沪剧团复演《芦荡火种》，剧中《智斗》一场摄有彩色影片。

文牧在积极创作改编现代剧的同时，努力挖掘、整理传统剧，认真执行"两条腿走路""推陈出新"的方针，为沪剧的剧目建设作出了一定的贡献。

《女看灯》原名《嫂告》，是早期本滩时期女角演唱的剧目之一，说的是姑嫂二人，姑想知道男女私情之事，向嫂探询，嫂欣然告诉姑。其中精彩唱段为嫂唱一段【赋子板】，要求演员一口气连唱一百多句，口齿清楚，越唱越快，一气呵成。1959年，文牧将其内容改为"拾包""寻包""戏嫂""逼嫂""嫂告"等情节，保留【赋子板】精彩唱段。1959年，由向佩玲、徐帼华分饰姑嫂，参加上海市青年汇演，获导演奖、青年演员奖。1988年，上海沪剧院参加香港1988中国地方戏曲展时，由学馆毕业的王惠钧、倪幸佳扮演，受到好评。

《庵堂相会》讲的是暴富金学文，嫌贫爱富，不顾女儿金秀英与陈宰庭的婚约，企图赖婚，几经周折，宰庭、秀英在金母帮助下逃出金家，终成眷属的故事。1956年，文牧改编为5场大戏，由丁是娥、石筱英、沈侠民、俞麟童等主演。1961年，文牧再度加工整理，由筱爱琴、沈仁伟、邵滨孙、石筱英等主演。1988年4月和9月及1991年4月，上海沪剧院三度赴香港演出，主演茅善玉、吕贤丽、徐俊、孙徐春等。

《阿必大回娘家》是滩簧、申曲时期经常演唱的传统剧目之一。讲的是姑娘阿必大家境贫寒，父母双亡，由婶娘做主给李家做童养媳，受尽虐待，不许回娘家。一日，婶娘命必大哥哥去接必大回家，不料其婆婆非但不允，还将哥哥打出门外。婶娘闻讯大怒，亲去李家评理，将其婆婆制服,领了必大回家。1954年,文牧对全剧进行整理,着重刻画三人鲜明各异的性格:阿必大的悲苦善良、婶娘的正直果敢、婆婆的邪恶愚蠢。重在伸张正义,批判邪恶;宣扬善良真诚,反对虚伪暴力。文牧的整理本,分别于1957年1月及1979年3月由上海文化出版社和上海文艺出版社出版。

文牧整理的这些沪剧传统剧目,常演常新,久演不衰,成为演员演不够、观众看不厌的优秀剧目。

礼赞筱文艳

提起淮剧表演艺术家筱文艳艺术人生的往事，得从她的三个名字说起。

她，江苏淮安人，乳名小喜子。那年家乡惨遭重灾，她才5岁，随父母亲逃荒到上海。因为家境贫寒，生活困难，她被卖给张家做养女，取名张士勤。谁知养父母相继去世，她又被卖给刘家，名为养女，实际上是女佣人，吃尽苦楚。在极端困苦的条件下，她勤学苦练，没有老师教导，自学成才。她15岁登台演出，后脱离刘家，有位姓谢的淮剧前辈艺人给她取名筱文艳。

数十年风风雨雨，筱文艳把毕生精力献给淮剧艺术，推进了淮剧事业的发展，她和淮剧其他名家一起演出好戏，改革创新，使淮剧在上海戏曲界站住脚跟，成为淮剧剧种的代表人物。

故事就从小喜子逃荒说起。

1927年，小喜子5岁，随父母亲逃荒到上海。一年后，父亲失业，又得了重病，便把小喜子卖给民乐戏院检票的张少卿做养女。张少卿疼爱小喜子，待她像亲生女儿，给她上学。可好日子没过几月，张少卿夫妇相继去世，小喜子被转卖给民乐戏院老板刘木初当养女。

刘家对小喜子非常刻薄，干的是勤杂活，吃的是冷菜饭，稍不遂意，就一顿毒打。

当时，民乐戏院是淮剧第一家剧场，好多戏班都在这里演出。遇有空余时间，住在民乐戏院楼上的小喜子，常到戏院后台转转，看演员活动、化妆、排戏，小喜子就主动给他们倒茶、买东西。刘木初为了讨好戏班，有意叫小喜子多给演员们干活，没想到这却是小喜子命运的转机。

小喜子聪明、机灵、懂事、好学，她常常和演员们接触，有些简单的曲调她也能唱上几句。从此，她不贪睡，早起床，一边伺候演员们，一边偷偷地练功夫、学唱段，不敢唱出声就默唱；不便在人家面前练功，就找僻静地方去练。这样，苦学苦练了半年，她已经学会十多出戏的一些段子。有一次，有位主要演员李玉花演《李翠莲》，缺少一个演娃娃生的角色。有人提议："让小喜子来试试吧。"

11岁的小喜子登上了舞台。虽然她心里又高兴又紧张，但是她肯用功，很认真，演完后，演员们都夸奖她。从此，她学戏入迷，可她没有正式老师，还是偷偷地学，苦苦地练。

淮剧艺人中毕竟还是爱才的多，他们见小喜子学戏铁了心，接受能力强，勤劳懂事，便趁闲教小喜子，好心人中有何孔标、谢长钰、董桂英、陈福泰、孙玉波、徐扣成、陈为翰，她陆续学会了《拾玉镯》《断桥》《贩马记》《种大麦》《骂灯记》等五十多出戏，她还学徽剧、昆曲、京剧、扬剧、梆子，这样能博采众长，触类旁通。

小喜子从11岁学戏到16岁时，她的文武花旦已经挂头牌。刘木初见有利可图，想把小喜子当摇钱树，长期控制她，便把她许配给在刘家干活的内侄。由于受不了刘家的虐待，在忍无可忍之下，她跳出火坑，开始了独立生活。1939年，17岁的她应邀在高升大戏院与何叫天搭档演唱《七世姻缘》，即描写七对不同时代的青年男女受封建势力的迫害最终不得团圆的故事（《孟姜女》《梁祝》《秦雪梅吊孝》《水漫蓝桥》《郭华买胭脂》《隔墙相会》《陈英卖水》）。

上世纪三四十年代，上海的淮剧先是只有戏班，如著名的武家班、韩家班、谢家班、马家班、筱家班、单家班等，以后陆续组建剧团。可那时候，淮剧只许在上海"下只角"一带演唱，当局禁止淮剧在市中心区演出，淮剧被当作"低俗"的戏曲。淮剧各班社面临两种选择：一是大胆创新，在竞争中得到发展，站住脚跟；二是无所作为，不求发展，最后只落得卖行头散伙。

淮剧不准在上海市中心剧场和游乐场所演出，这是一种极不公平的待遇。就在1946年的春天，由田汉先生策划举办的上海戏剧节演出在天蟾舞台举行。田汉、洪深在陈白尘的推荐下，观看了第一次进入苏州河以南市中心地区的淮剧演出。那次演出有梅兰芳、周信芳合演的《打渔杀家》，淮剧由筱文艳、何叫天合演的《芦花河》（说的是薛丁山与樊梨花和他们的义子应龙的故事），全剧起伏有致，极富感情色彩，又充满不少苏北方言的对话。田汉、洪深看得十分出神，田汉情不自禁地拍着洪深的手臂说："这是个好剧种，既有粗犷高亢的一面，又有委婉抒情的一面，粗中有细，细中出情，很有发展前途。"

淮剧进入上海市中心舞台演出，使淮剧的社会地位发生重大改变。筱文艳意识到，淮剧只有靠自身的努力，敢于大胆创新，在竞争中得到发展，才有发展前途。她与何叫天在高升大戏院演出《梁祝》，她根据人物性格与剧情的要求，在琴师高小毛、潘凤岭的配合下，在【拉调】的基础上，突破程式，唱出了节奏较为自由的新腔，观众听后纷纷叫好，称它为筱文艳【自由调】。这是淮剧音乐一次新的飞跃，它协调了男女唱腔在音区上的矛盾，改变了淮剧传统说唱单调沉闷的常态，在唱腔句式、旋律、定调、定弦上都相应得到发展，增强了表现力。筱文艳的【自由调】的特点是唱词不拘字数，曲调变化增强，花腔转折也多，长于抒情，而且她将民间小调改造后，运用到淮剧中，使它更加富于生活气息。筱文艳的【自由调】迅速从上海传到苏北，为当地各剧团班社所广泛运用和传唱。这样，筱文艳的【自由调】与【老淮调】【拉调】，成为淮剧的三大曲调。

后来，她不断创新发展，注意运用各种润腔技巧刻画人物，善于根据自身的细腻柔美、爽朗动听的嗓音特点，摸索出一套比较科学的发声方法，追求发声时的气息流畅，运用口腔、鼻腔、脑腔、胸腔的共鸣，发挥中低音区厚实、柔润的优点，产生一种感情真挚的艺术效果，人称"筱派旦腔"。

筱文艳重视上演剧目的质量，对一些传统剧目注重保留精华，删除糟粕，使老戏出新意，让观众满意。她积极创演现代戏，深入生活，使淮剧增添新的生命力。

上世纪三四十年代，上海淮剧已经从各戏班陆续组合成剧团。1951年5月，筱文艳、马麟童、何叫天、武筱凤、马秀英、杨占魁、徐桂芳等79人组建民营公助的淮光淮剧团。1953年成为国营剧团，筱文艳任团长，定名为上海市人民淮剧团。

《千里送京娘》原是淮剧前辈艺人的演出剧目，说的是赵匡胤投奔关西，途经古庙，救出受强徒迫害的赵京娘，并愿长途跋涉送归家的故事。1952年，为了参加第一届全国戏曲会演，由筱文艳、何叫天口述，马仲怡整理，剔除迷信荒诞的糟粕，着重塑造赵匡胤的"大丈夫志在四方"的英雄气概,刻画赵京娘善良纯真的性格。剧中的【大悲调】和富有地方特色的民间小曲,节奏明快,旋律优美,成为一出地方特色鲜明载歌载舞的短剧。筱文艳饰赵京娘获演员一等奖。

现代剧《党的女儿》是根据林彬同名电影文学本改编。该剧刻画的李玉梅的光辉舞台形象,深得原作者林彬的赞许。这个戏上演前,有一段动人的故事:人民淮剧团由于没有基本演出阵地,演员们很有意见,希望有朝一日能够在市区有一个基本固定的剧场。筱文艳时刻惦记着这件事。有一天,周恩来总理到上海来,在看完筱文艳等演出的折子戏后,周总理同筱文艳等闲谈。周总理自称和筱文艳是乡亲时,筱文艳谈到淮剧团希望有个基本演出阵地,有利于淮剧艺术的发展。总理问:"你们想要什么样的剧场?"筱文艳胸有成竹地说:"北京东路上的金城大戏院能不能给我们?"后来梦想成真,周总理还亲自题字,把金城大戏院改名为黄浦剧场。1958年春节,《党的女儿》就在黄浦剧场首演。

早期淮剧《女审·包断》,写秦香莲平番有功得官,亲审其夫停妻杀妻一案,包拯断案,秦香莲却为夫讲情,最后团圆。淮剧团准备改编此剧,筱文艳对这个传统剧倾注热情,但认为最后团圆不符合秦香莲的性格,也不能得到观众的认可。她与编导商议,去掉糟粕,重立新意。经过反复考虑,改为秦香莲不仅亲审其夫,而且亲断其案,亲杀其夫,与朝廷决裂,反出皇城。这个戏唱做并重,秦香莲在公堂上痛斥陈世美的"三大板"(淮调),慷慨激昂,深受观众赞赏。

可舆论界对这个戏意见不一,持不同意见的认为,图一时痛快,把现代人的思想强加于秦香莲,感到不可信。

筱文艳心态平静,沉着应对,她认为传统戏可以有不同的整理,让秦香莲最后反过来讲情,以团圆结果,就不是平番立功的女英雄,而是落到贤妻良母的旧套。她说,对戏有争论是好事,可以使戏更完美,更受观众欢迎。她坚持上演,而且要理直气壮地演,要把这个戏成为淮剧的保留剧目,不断修改加工,作为培养学员的基本教材。1954年,《女审》在黄浦剧场首演,观众一致好评。次年3月,由上海海燕电影制片厂拍摄成淮剧戏曲片,在全国放映。

淮剧现代戏《海港的早晨》的主创人员在筱文艳的带领下深入上海海港体验生活,不是走马看花地浮在生活上面,而是要老老实实和码头工人交朋友,让演员到生活中去寻觅艺术创作的源泉,为塑造生动的码头工人的艺术形象奠定良好的基础。筱文艳塑造的海港码头支部书记金树英的形象,真实、亲切、可信,她教育青年工人的一场戏,感人至深。她调动一切戏曲表演技艺运用于反映现实生活的淮剧舞台上,使之出现栩栩如生的码头工人的艺术形象,受到观众的喜爱。这个戏1964年首演于黄浦剧场。当年国家主席刘少奇和夫人王光美、周总理、陈毅副总理等都看过演出,这个戏连演两个多月,盛况不减。

筱文艳是一个坚守平民本色的有心人,她的心和观众朋友紧紧连结在一起。每当她演完戏,顾不得卸妆,就走到观众中去听取意见。有时候她演完戏回家,观众守候在剧场要和筱文艳交流,她们边说边走,不知不觉从黄浦剧场走到了南京东路筱文艳的家,她就留住观众喝点茶甚至吃顿饭。她经常率领剧团到工厂、码头、公交、环卫及市郊农村某镇去演出。在苏北家乡每年总有安排送戏上门,筱文艳到家乡演出,出现万人空巷,一票难求。她还热心对基层的淮剧业余组织进行辅导,将自己塑造角色的体会和表演技能,一招一式传授给淮剧爱好者,她是淮剧迷的知心朋友。

筱文艳又是倾心培养青年淮剧演员的热心人,她对众多青年演员严格要求,悉心爱护,无私传授,薪火相传。她从艺 60 多年,留下一句朴素深刻的名言:"舞台上讲究,生活上将就。"她一生淡泊,简朴节俭;对舞台艺术坚守一丝不苟,追求完美,这是她数十年来艺术人生的座右铭。她是从平民百姓中走出来的表演艺术家,她的艺术生命永远和平民百姓紧连在一起,因此,她自觉信守,用最优秀的表演艺术,培养出最出色的青年演员,去报答养她、教她的善良纯朴的平民百姓们。

戏曲"四姐妹"

戏曲界不同剧种、不同流派的四位女演员,她们心意相通、情趣相投、艺术相求,结成情同手足的四姐妹,这是心想事成的喜事,在戏曲界和观众中,传为佳话。

四姐妹中,大姐杨飞飞是著名沪剧演员,"杨派"唱腔的创始人。二姐梅兰珍,著名锡剧演员。两位妹妹,按年龄排列著名评弹演员、"丽调"创始人徐丽仙是三妹,而著名越剧演员、"戚派"创始人戚雅仙是小妹。

"四姐妹"都是戏曲舞台上深受观众喜爱的表演艺术家,尤其是她们不同的流派唱腔,为观众所津津乐道,喜闻乐见,流传较广。

由于工作的关系,我和四姐妹都有联系,看她们的演出,听她们的流派唱腔。当然,杨飞飞、徐丽仙、戚雅仙三位都是上海戏曲界的名家,我和她们见面交流的机会比较多。梅兰珍是无锡市的著名锡剧演员,只要到上海来演出,我们就有交谈的机会。

"四姐妹"的结合是戏曲界的佳话,是一种缘分,是亲情的融合,也是艺术交流的结果。

先来说说大姐杨飞飞。

幼年杨飞飞,因为家境贫寒,父亲失业,她9岁时,想外出做工赚点钱,连跑了许多厂家,都因为她年纪太小没有结果。

但是,家里虽穷,穷人有时也知道苦中作乐,母亲带着杨飞飞(小名阿青)去大世界看戏。小小年纪的阿青,京剧爱看老生、花脸戏,评剧爱看《秦香莲》,武林班爱看《五子哭坟》。她看《五子哭坟》,感动得眼泪直流,看到坏人作恶,她恨得咬牙切齿。这对她以后演戏喜欢演正面人物,喜欢演苦戏、演悲旦,是很有关系的。

幼年阿青,文化不高,但接受能力和模仿力比较强,各种戏看了以后就会唱上几句。有一天,邻居阿姨对杨飞飞母亲说:"阿青蛮活络的,你家里穷,不如给她去学戏……"

就是这几句话,把杨飞飞领进了唱戏的大门。

1935年,杨飞飞13岁,经人介绍正式拜文明戏老先生胡铁魂为师,那时候的文明戏俗称"洋装文明戏",台上演员所讲的语言是苏州话和国语。拜师不久,老师看杨飞飞比较聪明,就让她在《倾国倾城》中扮演太子角色,由老师口授12句台词,还讲了规定情景和表演方法。杨飞飞上台,不但台词一句没错,而且在讲到"叔父你要救国救民啊"这句台词时,双膝在地上一跪,抱住剧中叔父的腿,声泪俱下,感情逼真,博得了观众的满堂彩声。从此班子里童子生一路角色基本上都由杨飞飞演。这样,在文明戏阶段,杨飞飞在表演方面打下了基础。她在文明戏班里前后共演了三年左右。

有一次,文明戏班里的排戏老师朱炎对杨飞飞说,大世界底层有个"儿童申曲班",都是15岁左右的小孩。杨飞飞抽空去看"儿童中曲班"的演出,被吸引了,朱炎正式介绍她去学申曲,改行投师唱申曲。

1938年，16岁的杨飞飞拜丁婉娥为师，参加儿童班和大人班演出。她在申曲班唱开篇和做大戏中的配角。

杨飞飞从儿童申曲班到大人班，以后到了鸣英剧团，在大新公司演出《阮玲玉》，她在《阮》剧中演小玉。后来又在《女落庵》中唱过这出比较难唱的戏。到了1942年以后，杨飞飞进了文滨剧团，演了一些重要角色的戏。1948年9月，杨飞飞与赵春芳、钱逸梦、赵云鸣等组成正式剧团，直到上海解放。

1949年下半年，杨飞飞与赵春芳、凌爱珍、金耕泉、丁国斌成立了勤艺沪剧团，建团后整理、改编、创作的剧目100多个，比如《家》《为奴隶的母亲》《妓女泪》《龙凤花烛》《卖红菱》等深受观众欢迎，久演不衰。其中《妓女泪》中的"杨八曲"，《为奴隶的母亲》中的"归家思子"唱段，为广大观众所赞赏，成为"杨派"唱腔的代表作。

杨飞飞成为沪剧著名演员，她给观众的印象以擅演悲剧著称，她的唱腔也以如泣如诉、如怨如愁，深深地感染观众。虽然这与她幼年爱看悲剧，爱听悲曲有关，但是，重要的原因还在于她仰慕沪剧前辈艺人杨月英，杨老师演悲剧感情真切，让眼泪留在眼眶里，通过她的唱腔和悲泣之声，催人泪下，说明她情真意切，善于掌握人物的性格，又善于控制情感，具有无比的感染力。杨飞飞就在电台听杨月英唱，默念杨老师的唱腔，学她的呼吸、透气，学她的泣泣的尾音，在表演上学她的台风的细致、有层次、有分量。学她演正面人物有气质、有身份，表演上含而不露，善于表现人物的内心活动，能把人物在规定情境中，有区别、有分寸地表现出来。

杨飞飞的"杨八曲"就是向前辈艺术家学习并加以变化而形成的。她想到老戏《五更乱梦》中的唱腔，用的只有长过门、短过门、三送、三角板，曲调不够丰富。联想到老戏的《西厢开篇》，唱的是正调，曲调比较跳跃，不符合剧中的悲剧情绪。根据《妓女泪》的情节和人物，需要改变唱法。于是，她根据人物情绪和内容的发展，选了八个曲调加以改造，力求其有起伏，有跌宕，能够符合人物的心情和生活的真实。后来《妓女泪》由刘谦加以整理加工，"杨八曲"唱段的词句由石见修饰，又把剧名改为《孤岛血泪》，成为剧团的一个保留剧目。

二姐梅兰珍，锡剧表演艺术家，是无锡市锡剧团的主要演员。她是江苏常州人，出身艺人家庭，她的父母都是锡剧前辈艺人。她在这样的家庭环境里，从小随父母亲学戏，8岁就在无锡大新世界登台。到了13岁，她初露头角，在常州、无锡回乡演出。1950年，她加入无锡市锡剧团，23岁的梅兰珍已经成为主要演员。她演花旦，但能够演其他行当。她的嗓音柔美圆润，小腔丰富，腔中有腔，华丽多彩，她善于吸收其他剧种的唱腔加以融化。她既能演《珍珠塔》中的陈翠娥，《拔兰花》中的王大姐，也能演《孔雀东南飞》中的老旦焦母。而在现代戏《红花曲》中，她塑造的纺织女工黎玉贞的形象也很成功。

若问她的演唱才华有多好，可以从她的一次"戏曲什锦唱"的专场演出中，领悟到她多才多艺的艺术才华。

那是在无锡，为纪念梅兰珍艺术生涯60年的系列活动之一，举办锡剧表演艺术家梅兰珍"戏曲什锦唱"专场。

梅兰珍在这次专场演唱会上，一个人演唱了我国南北戏曲十几个剧种的名剧选段。

她从锡剧《红花曲》选段"一山更比一山高"开始，接着演唱了苏剧《荡湖船》、京剧《霸王别姬》、评剧《刘巧儿》、淮剧《白蛇传》、豫剧《西厢记》、昆剧《痴梦》、吕剧《三看御妹》、扬剧《甘露寺》、黄梅戏《天仙配》、沪剧《为奴隶的母亲》、越剧《血手印》、评弹《情探》等十二个剧种剧目选段，最后以学骆玉笙演唱电视剧《四世同堂》主题歌京韵大鼓《重整河山待后生》结束收场。

这是一场别开生面的戏曲专题演唱会，充分展示了梅兰珍在戏曲演唱上的高超技艺，同时充分表现了梅兰珍广纳博采、多方吸收的艺术才华。

这是一次极其难得的丰富多彩的戏曲声腔欣赏会。

梅兰珍的"戏曲什锦唱"专场，不仅给人以很好的艺术享受，而且又给人以很多艺术启示。她60年来的艺术生涯，已经成为锡剧旦行中最大的一支流派。她的成就不但由于她的"珠喉玉音，金嗓丽腔"，由于她的天赋条件优越、她的聪明智慧，更重要的在于她的善于博采众长，见多识广，勤学苦练，自成一家。

她在专场演唱中，学唱沪剧《为奴隶的母亲》、评弹《情探》、越剧《血手印》的选段，唱得那么惟妙惟肖。从中不难看出她对杨飞飞的"杨派"、徐丽仙的"丽调"、戚雅仙的"戚派"唱腔的挚爱，更可以感到她们"四姐妹"的情深意长。

评弹表演艺术家徐丽仙，出生于苏州一户贫苦人家。她的父母因为家里贫穷，又不喜欢女孩子，徐丽仙出生不久便被交给苏州一对专门收养女孩子，教唱弹词，卖艺为生的钱姓夫妻领养。

徐丽仙学艺不久就开始卖唱生涯，从此受尽养父母的虐待与盘剥，过着苦难的生活。

幼年的徐丽仙喜欢听小曲，唱小曲，也唱京戏，而且学得快，还能唱出一点韵味。她听评弹，听苏滩，也都学得像样。养父母发现徐丽仙会唱的曲调剧种多起来了，就有利于养父母的收入，便驱使徐丽仙去唱堂会，而养父母常常用打骂向她欺压勒索。她的青年时代是在养父母的虐待和压迫下度过的。

解放后，她的养父受到了应有的制裁，徐丽仙扬眉吐气，获得了新生命。

1951年，上海文艺界为抗美援朝筹办捐献飞机大炮的义演。评弹界的女演员们决定排演名叫《众星拱月》的书戏，参加这次义演。徐丽仙闻讯激动地要求参加书戏，她虽然被义演接受，但是只派给她一个仅有一句唱词的角色。徐丽仙不论角色大小，她抓住这个难得的机会，以她曾经唱过《宝玉夜探》中所用的一句新腔"轻敲铜环叮当响"为依据，作了加工，来演唱书戏中的"光荣妈妈真可敬"，不料这句唱腔发挥了她的沙糯的嗓音特点，合情地表达了人物的心意，留给观众很深刻的印象。这句唱腔也引起当时在场听书的上海人民评弹团副团长蒋月泉的赞赏。1952年，在蒋月泉的推荐下，徐丽仙进了上海人民评弹团。

徐丽仙在义演中的一句唱词，一鸣惊人，唱腔吸引人们，大受赞扬，人称这个唱腔为"丽调"，是徐丽仙独创的唱腔。徐丽仙的"丽调"，是在蒋月泉的"蒋调"旋律和徐云志的"徐调"运腔基础上创造的。早期的"丽调"偏重于柔和婉约、清丽深沉。后来，她博采其他艺术形式的唱腔因素，增添了明朗刚健的特点，善于根据不同的内容来塑造不同的音乐形象，生动地揭示人物的内心世界。

徐丽仙的代表性唱段有开篇《罗汉钱》《新木兰辞》《六十年代第一春》以及《王魁负桂英》《杜十娘》等选曲。"丽调"的旋律，既有传统评弹流派曲调的韵味，比如那句"轻敲铜环叮当响"的唱腔，脱胎于"蒋调"，又向"徐调"吸收营养，成为蒋、徐两调旋律的融合型唱腔。

但是，徐丽仙为了丰富唱腔，还向其他戏曲如锡剧、苏剧、沪剧和越剧等江南地方戏和曲艺京韵大鼓、河南坠子、山东快书等，甚至歌曲音乐学习和借鉴。因此，她的唱腔显得更加丰富多变。

从徐丽仙的唱腔演变，可以看出她对锡剧、沪剧、越剧的喜爱，更能发现她对戏曲姐妹的情真意切，同时也可以发现，她对唱腔的发展与变化，那种博采众长，为我所用，自成一派的心意追求，她们"四姐妹"又多么相似相通。

戚雅仙不像老一辈越剧演员出生在浙江嵊县，她虽然老家是浙江余姚，可她却是在上海出生成长，14岁进上海的科班学越剧，以后几十年来，她一直在上海越剧舞台上唱戏，是个地地道道的上海越剧演员。

虽然她出生在上海，但是这是一户贫民家庭，父亲摆旧货摊，为电车公司看门，可经常失业在家。因为家境贫困，父亲脾气暴躁，心情不好，不是开口骂人，就是动手打妻子女儿。但是，当父亲不发脾气的时候，让女儿骑在父亲的肩上，去逛庙会、看戏。从这个意义上可以说，父亲是戚雅仙和戏结缘的牵线人。

戚雅仙的母亲爱看绍兴文戏，有时带女儿挤进戏院去看戏，母亲有个亲戚，在这个绍兴文戏班子中有熟人，就将女儿介绍进戏班中去当"跑龙套"。这类演员不要求唱功和做功，没有学过戏的小姑娘，也可以应付得了。

14岁那年，戚雅仙通过亲戚进了绍兴文戏科班陶叶剧团学戏。她陆续学了不少绍兴文戏的传统剧目，如《斩经堂》《盘夫索夫》《碧玉簪》《王千金祭夫》《玉连环》等。

在科班学戏一般要三年满师，可戚雅仙学了几个月后，就登台演出，这是因为穷艺人办穷科班，收的是穷学生，总想早日登台演出，赚钱养家。

　　上世纪 40 年代初，在上海有影响的绍兴文戏班子，多数是从浙江来的，像陶叶剧团这样上海的小科班，要想在上海站住脚，在剧场里长期演出，是很困难的，所以就需要走码头，到杭、嘉、湖一带流动演出。他们去的都是小码头，穷乡僻壤，一个小科班，一群穷孩子，一堆旧衣箱，一只乌篷船，睡庙堂，演草台，顶风雪，粗茶饭，每日每月每年过的是苦难的生活。

　　小科班浪迹江湖的苦难生活经历了三年左右，1943 年春，陶叶剧团科班进入上海大来剧场作为基本班底，开始立足扎根，戚雅仙的学艺史出现了新的转折，展开了新的一页。

　　大来剧场聘请的名角、头肩花旦是当年越剧改革的创始人袁雪芬，戚雅仙来到大来剧场，为袁雪芬大姐配戏，是她演剧生活中迈出的新的一步。她在袁雪芬身上学到了不少好的东西。袁大姐那时候已经懂得吸收电影、话剧的表演艺术，在演唱上通过唱腔的轻、重、缓、急以表现人物的感情变化和性格特征。戚雅仙学袁大姐的唱，学她的表演，采取笨鸟先飞、笨鸟多飞，与她同台演戏，终于学得有几分相像，在观众中开始有了一点影响，人称戚雅仙为"袁派小花旦"。

　　随着时间的推移，戚雅仙理解到不能墨守成规，不能故步自封，应当根据具体条件，有所创造，才能有所发展。不创新和发展唱腔流派，是有负老师的一片苦心的，也不符合艺术发展的规律。

　　戚派唱腔的出现，从当年的"袁派小花旦"到"戚派唱腔"的形成，不是偶然性的发现，而是艺术流派经过舞台实践，通过观众的评价，水到渠成，自然发展的结果。作为一种唱腔流派，不在于繁、多，而在于简、精，在于删繁就简。简与精的矛盾统一，出现完善的艺化境。"戚派唱腔"艺术正是由简到精的生动体现。"戚派唱腔"以好听好记好学著称,容易被观众所接受,也易于在观众中流传。但是,在好听好记好学的基点上,还需要注入深沉的感情,既追求含蓄,又讲究节制,抒发真挚的情愫,这样才能以较强的抒情性,显示出"戚派唱腔"的艺术特色。邓颖超同志谈到戚派艺术时说:"戚雅仙的唱腔,好像很简单,其实很动听,也很美。为什么有那么多人迷戚派呢?因为它容易听得懂,记得住,也就忘不掉。"

戏曲"四姐妹",她们有不少的共同点,家境贫寒,早年生活在苦难之中。她们在艰苦的环境中,闪现出学艺的亮点,她们聪明智慧,勤奋苦练,不落人后。她们善于博采众长,多学不倦,多方吸收,勇于创新,自成一派。她们艺术上相互切磋,思想上共同帮助,生活上相互照顾,情同手足,胜似手足。

当徐丽仙得了舌根癌,医生劝她动手术,把舌根病灶切除。她问医生,切除舌根后能不能说评弹,医生说不大可能了。她拒绝手术,改用长服中药。杨飞飞、梅兰珍、戚雅仙及时前往医院探望,四姐妹在病房中亲切交谈。徐丽仙说:"我生病以后还继续练唱,从不间断,心闷时,抱起琵琶轻弹一曲,我把心血都寄托在弹唱上。"

1981年6月,徐丽仙应邀到无锡作一次病后演唱,杨飞飞、梅兰珍、戚雅仙一起参加,一时间轰动了无锡剧坛。

徐丽仙抱病演唱了她的代表作品,声腔感人,听众无不热泪滚滚。杨飞飞、梅兰珍、戚雅仙也都动情地演唱各自的流派唱段,还和徐丽仙一起,学唱了京剧、锡剧、沪剧、越剧和评弹,充分展示了戏曲"四姐妹"的多才多艺,情意深长,对戏曲艺术事业的忠诚。

不应忘记的戏曲界"乳娘"

上海戏曲界,尤其是越剧界,有一个人是不应忘记的。这个人以他的昆剧艺术热心地传导给兄弟剧种,使这些剧种的演员得到了更多更好的表演技巧,丰富了他们的表演艺术。

这个人就是昆剧名家、技导、教师郑传鉴。

我在市文化局做戏改工作的时候,就认识这位昆剧"传"字辈的名家。他,质朴、淡定、随和、谦逊。一身布衣,貌不惊人,对艺术工作敬业热情,唯一爱好是喜饮黄酒。据说,他住院养病期间,病房里能发现一些空酒瓶。如果他走在马路上,谁能相信他是昆剧的著名老生,以演《弹词》中的李龟年、《寄子》的伍员、《贩马记》的李奇称为"三大杰作"的戏剧家呢。

刘厚生同志曾经说过:"郑老是一位对当代中国戏曲艺术建设有大功的人。但是长期以来,除了少数同他熟悉的人外,鲜为人知。虽然他自己从来是淡泊自守,不求闻达,不逐名利,但这究竟是不正常的现象。"

郑传鉴是苏州人,他13岁考入昆剧传习所,学艺5年,成为著名昆剧老生演员。1924年,他随"传"字辈师兄弟们初到上海演出,他在《搜山打车》中饰演程济，当时在场观看演出的周信芳大为赞赏。从此以后，他所演剧目的角色逐渐增多，比如《别母乱箭》中的周遇吉、《议剑》中的王允、《吃茶》中的杨继盛、《酒楼》中的郭子仪、《卖发·别坟·扫松》中的张广才等，都能欣赏到他的精湛表演。他，唱念有力，有抑扬顿挫的气韵，注重身段边式，善于吸收其他艺术的精华，以生活为依据，从人物出发，追求与传统程式为一体的形体美，在昆剧表演中常有创新。

郑传鉴还有一项重要贡献，那就是1944年他加入以袁雪芬为首的雪声剧团，负责教练身段动作，协助导演拍戏，成为剧务部成员。后来又为范瑞娟、傅全香为首的东山越艺社排练剧目，人称郑老为"技导"，从此中国戏曲"技导"的名称产生。再后来，他兼职玉兰、云华、合作、少壮、春光、合众等越剧团的"技导"。他除了教演员"手、眼、身、法、步"外，还设计舞蹈、造型、开打，协助导演和演员找到比较完美的形式，来体现作品的主题和表演人物。他为越剧的革新、发展作出了贡献，越剧界的同行戏称他是越剧的"乳娘"。

到了1954年，郑老不仅担任众多越剧团的"技导"，而且扩大到沪剧、锡剧、甬剧、苏剧以及评弹，他已经成了戏曲界的"乳娘"。

郑传鉴先后担任华东戏曲研究院昆剧演员训练班、上海市戏曲学校教师，悉心尽职培养青年演员，功不可没，他在执教的时候，培养了计镇华等优秀老生演员。他创排了《牡丹亭》《长生殿》等重点剧目。他对工作非常认真，极其负责，在排戏过程中，他每天都是早到、晚退。他不保守，特爱青年，只要来问，他恨不得把自己所知道的倾囊相赠，但在艺术上的要求却十分严格。比如《长生殿》"赐盒·定情"之后，有一个敬酒动作，杨玉环接过酒杯，先祭天地，拿着酒杯，一点、两点、三点，把酒洒在地上。这是一套程式，大家都这样做，只不过有人做得认真，有人做得随便，顺手把酒一泼了事。郑老认为这个程式是有道理的，一、二、三是三个点，然后洒酒要成一个弧形，这样，在对面的观众看来，恰好是一个"心"字，是表示对天、地、祖先的一片虔诚之心，所以一点都不能马虎，更不能漫不经心地随便一泼。

郑老曾与俞振飞合作演出《千忠戮·惨睹》，他饰程济。在行路中，他挑着担子，一个掏步，水袖一搭，回身看着建文帝，这动作真漂亮。就这一个身段，就可以看出郑老的本事。当时他已年过古稀，但身上还是那么边式，分寸掌握得那么合适，没有深厚的功底，谈何容易，正如俗话所说："行家伸伸手，便知有没有。"

写到这里，我觉得有必要说说郑老的童年历程，这对他的艺术人生是极好的补充。

1909年，农历十二月初九，苏州史家巷47号一座破墙门的大杂院里，生下来一个瘦小不堪的男孩。在这之前，这位妈妈已经生了11个儿女，其中8个都因贫病交迫先后夭折，剩下3个女儿，还是养不起，只得把大女儿送给人家。如今添了个男孩，不禁喜上眉梢，给婴儿取名荣寿。这个荣寿就是日后成为昆曲表演艺术家的郑传鉴。

小荣寿的父亲郑叔慰好容易找到了一份卖力气的生活，领了一点工钱，交给妻子做家用开销，留下点零钱，就把荣寿骑在肩上，出去喝酒。郑叔慰一生唯一嗜好就是喝酒，高兴时要喝，烦闷时要借酒浇愁，使得小荣寿从小也与黄酒结下了不解之缘。

荣寿从小好奇多动，他家附近有爿大饼油条店，他常去帮人家拉风箱。店主见后就要他帮店里到玄妙观去叫卖。他每天去卖，在玄妙观大开眼界，看到了各种杂耍，听到了各种稀奇古怪的故事说唱。

可是，他的姊姊病死，父母亲债台高筑，晚景凄凉。邻居说书先生想教荣寿学评弹，无奈荣寿生来矮小，身体瘦弱，难以胜任说书生意。实在没有办法，只得将荣寿寄养在老娘舅孔云福家里。谁知峰回路转，这一寄养却把荣寿置身于艺术殿堂的大门口，决定了他今后终身从事昆剧艺术的命运。原来孔云福在苏州桃花坞西大营门底五亩园殡舍做工，而苏州昆剧传习所也在五亩园开办。孔云福建议荣寿去报考，经荣寿父母同意，前去应考。主考教师问荣寿："你会唱吗？"荣寿拉开嗓门按着工尺谱唱曲。教师又问："你会笑吗？"荣寿吸足一口气，照着说大书的路子"活哈，活哈哈……"大笑起来，引得满堂主考忍不住笑出声来。于是，13岁的荣寿被昆曲传习所录取了，半年后，根据学员条件分行当，荣寿专习老生，更名为郑传鉴，成为昆剧历史上"传"字辈中人。

郑传鉴的一生为振兴昆剧，发扬戏曲艺术，作出了承前启后、继往开来的贡献。当他提起童年时，难忘史家巷那座破墙门，难忘教会他工尺谱的朱秋帆先生，难忘那爿大饼油条店……

麒派鼓师张鑫海

早年,每次看过周信芳先生的演出,一个个鲜活的人物形象常在我眼前闪现,使我神情振奋,心灵震撼,难以忘怀。

后来,朋友告诉我:"周信芳戏演得好,离不开他的打鼓佬。"

这位打鼓佬叫张鑫海。我专程去拜访他,在上海天目路附近他的家里,我们促膝畅谈,很投入也很顺心。回想起来,不觉已经是四十年前的一段往事。

周信芳的演剧生涯中主要鼓师有两位,都姓张,一位叫张世恩,他和周信芳在解放前共事二十多年;另一位张鑫海,他与周信芳合作是在解放后的上海京剧院。早在1931年他们已经在为周信芳工作了,他们都在乐队里,张世恩是打鼓佬,成为乐队演出总指挥,而张鑫海年纪还轻,在乐队武场中打小锣。每次他看到张世恩给周信芳打鼓总是浑身是劲,仿佛打鼓佬也跟着周信芳在舞台上一起做戏似的,看了实在叫人出神。

有一年,周信芳在北京、天津、青岛等地演出。一天,张世恩接到电报,母亲在上海生急病,他请假离去了。谁来接替打鼓呢?周信芳胸有成竹对张鑫海说:"鑫海,你替我们打吧。"

张鑫海一听，连连眨着眼睛，好像不相信自己的耳朵似的。只听得周信芳转身对大家说道："他能打好的，只要他怎么打，我们大家凑合他就行。"那时候，张鑫海才14岁。

当晚演出前，周信芳把张鑫海叫到后台，说："你不要慌，沉住气，如果打错了，就错了，怕什么，下次再打不就会了吗？"

张鑫海听了心里热乎乎的，感到勇气十足，信心百倍。

临开场前，有人问，今天谁打鼓，只见14岁的张鑫海出场，往场面的中间椅子一坐。嘿，原来是这么个小家伙，人们都惊讶起来。张鑫海心里想着周信芳的叮嘱："不要怕，沉住气。"这天演的是《连营寨》，张鑫海只是一个劲儿地打，尽管心跳得很厉害，但他竭力沉住气，终于把这出戏凑合过去了。

散戏后，张鑫海发现自己手上起了不少血泡。这时候，周信芳又把张鑫海叫到后台，拍着他的肩膀说："你打得不坏，明天再打。"接着说："你见过小孩子初学走路的样子吗？小孩子学走路，刚走几步跌倒了，大人们应当立即扶起小孩，赞扬他走得好，要他再走下去，有谁见过孩子跌倒了，反而责怪孩子不会走路呢？"张鑫海听了十分感动，从此开始用心练鼓。

几年过去，上海有个"麒派"演员听说张鑫海给周信芳打过鼓，再三要求张鑫海去给他打鼓。张鑫海年轻不懂事，就离开了周信芳，给那个"麒派"演员打了十多年的鼓。

上海解放后，1950年和1955年先后成立了华东实验京剧团和上海京剧院，张鑫海重新给周信芳打鼓。可是离开十多年后，打鼓的尺寸有点乱了。周信芳对张鑫海说："你的路子走歪了，你觉得吗？"是呀，张鑫海自己也觉得重新打鼓反而紧张起来。虽说离开十多年，打的也是麒派戏，可他并没有完全理解麒派艺术。他只知道使劲地打，以为打得越狠，就是麒派打鼓的特点，他只知道打鼓是要演员跟着打鼓佬走，他打得越狠，演员表演就越卖力。现在，重新给周信芳打鼓，他这套打法显得格格不入，心里没底了。

周信芳对张鑫海说："只会一个劲儿使劲打鼓不行，要有张有弛，要有顿挫，要有抑扬，老是'一道汤'，一统到底，戏怎么能抓得住人呢？打鼓要跟剧情走，要跟人物走啊……"

经过周信芳一番指点，张鑫海心里开始亮堂了。他领悟到打鼓应当从情节、从人物性格出发，不应当依照自己主观想法。他深有感慨地说："我真正给周院长打鼓，应当从那年算起。"

张鑫海为周信芳打鼓，经过长期合作，他逐渐领会周信芳的高尚品德和精湛独到的艺术见解。周信芳在舞台上总是一丝不苟、全身心地创造各种人物形象，每部戏都经过再三修改，一边演出，一边还不断加工。演出时要是打鼓出错了，他从不"翻场"（演出中演员出现事故，另一演员不予掩饰，发生难堪局面），也不责怪张鑫海，总是鼓怎么打，就怎么演，演完后再研究改进。这样，张鑫海得到了深刻教益，他鞭策自己必须虚心认真学习周信芳的演艺品德，不断提高自己的打鼓水平。

张鑫海认识到，打鼓一定要懂得：演员在台上需要什么就能立刻给他什么，而且要给得恰到好处，如果给早了，再凑上去，成了"马后炮"，反而破坏了演员的艺术创造。他深知周信芳的表演节奏感比较强烈，经常在锣音未断时就接念或接唱，强调情绪连贯，不使气氛中断，不使舞台上的节奏拖沓松散。但是，并不是说周信芳在表演上不要有停顿。比如《四进士》中宋士杰的出场，用的是"小锣出场"：

最后一个"台"的锣音刚打完，有个空间，情绪似乎中断了。但是，周信芳善于利用恰如其分的动作，把这个空隙给弥补起来。当最后这下"台"锣音刚落，他巧妙地运用手上的一把扇子，原来扇子是撒开的，他随着锣音边迈动步子边抖动扇子，等到最后这下"台"打完，他敏捷地"嚓"的一声收拢扇子，这个动作既弥补了中间的空隙，又吸引了观众的注意力，更能表现出宋士杰老成豪迈的性格特征。

周信芳并不是一个劲儿要求强烈的锣鼓节奏，必要的停顿，同样是为了符合人物行动的需求。《追韩信》中萧何未出场前，场面上打"冲头"，要打得激烈，末尾的切位要切得"脆"，切得"紧"，使空气突然收紧，全场肃静，台上空无一人。这个停顿为的是使全场观众的注意力都集中到上场门。突然，幕内一声高喊："马来"，这就把萧何急于追赶韩信的急切、紧张、惊惶的心情烘托出来了。

张鑫海长期为周信芳打鼓，他们在演员和打鼓之间产生了极其可贵的默契，达到得心应手、娴熟圆巧的境界。张鑫海体会到麒派打鼓有三个特点：

一是，锣鼓点调控节奏变化，衬托人物的各种思想感情。比如《乌龙院》中，宋江失落招文袋，一路寻找，上楼后向阎惜娇索取，阎掷袋于地，宋江拾起招文袋，发觉袋子轻了，伸手去摸。这时场面打"丝鞭"，先打"软丝鞭"，节奏比较缓慢，表现宋江的心情是：袋子轻了，黄金不在了，也许书信还在，伸手一摸，书信不见了，随着宋江摸袋动作的幅度逐渐增大，场面起"硬丝鞭"，节奏越来越强烈，等到翻转袋子证实书信确实不在，"硬丝鞭"打得更加激烈响亮，最后，宋江举起招文袋，这时"硬丝鞭"收住，宋江狠狠地把招文袋扔在地上这个动作，恰好和场面上的"丝鞭—锣"紧密结合。这些锣鼓点，在节奏徐疾变化中，刻画了宋江胆战心惊、愤急交加的复杂心情。

二是，富于创造革新精神，不拘于旧套，敢于突破程式。张鑫海为了配合周信芳的表演，为了情节发展的需要，对原有的一些锣鼓点进行了必要的重新组合和创造。在《徐策跑城》中的"高拨子原板""湛湛青天不可欺……"在起"原板"时，"长锤收头"的打法与众不同，末尾锣音一般是用切音，而周信芳的表演却用放音，这最后的"仓"要打成"仓……"这样，正好和水袖的抖动巧妙地吻合，如同水波荡漾，产生优美鲜明的舞蹈动作。

三是，"冷锤"的独特运用，产生别开生面的艺术效果。"冷锤"常常是为了配合最坚定的语气，或者简短的下场亮相。但在麒派戏里却有独到的运用。《打渔杀家》中，大教师来到萧恩家前叫门，桂英要去开门，萧恩示意拦住，周信芳这时候的动作是一只脚蹬在椅子上，用手很快地左右捋胡子，他在想：来的什么人？来干什么？为什么叫门这么急？准是来寻事的，可能有暗算，怎么出去？一连串想法都是在一瞬间出现，这里一连串地用"冷锤"，他捋一下胡子，配上一记"冷锤"，打得虽然不重，但要打得干净利索，这就把萧恩这位老英雄的谋勇气概给充分表现出来。

而在《追韩信》中，当家院报道："启相爷，大事不好了！"这里垫上一记"冷锤"，这记"冷锤"分量要轻一点，因为萧何还不知道发生了什么大事。轻打的"冷锤"是用来呼应后面的主要内容："韩将军弃官逃走了！"这才紧接着一记重音"冷锤"，这记"冷锤"要打得不但使萧何大受震动，还要使全场观众也为之大吃一惊，这才能表现出萧何仿佛受到霹雳轰顶、震骇若呆、极度紧张的神情。

思念郑拾风

郑拾风同志，他一身风清气正走来，留存多部剧作和美文远去；他信守高风亮节，鄙视低俗诌媚；他有一种洞察事物的眼光，幽默风趣的谈吐，又是杂文诗词的高手。

他是四川资中县人，早年在川南师范读书，后来当过乡村教师。17岁开始在报纸发表散文、小说、诗歌。几年过去，他在江西、桂林、重庆、南京、上海、香港报社做过记者、编辑、总编辑。

解放后，他在上海《新闻日报》《解放日报》担任副总编辑、高级评论员。

我和他相识是在他担任《上海戏剧》杂志社副主编，以及他为上海昆剧团编写《钗头凤》与《血手记》这个时期，由于工作关系，接触频繁，交流较多，相知更深，获益多多。而和他一起生活，深入交流，那是在上海市文化局领导组织戏曲剧本讨论会这段时间。

上世纪80年代，文化局领导为了繁荣创作，提升剧本质量，举办剧本讨论会，由我们剧目工作室具体操办，邀请越剧、昆剧、京剧、淮剧等几位剧作者，携带他们的新作，经过丁锡满同志热心安排，一起到浙江天台国清寺附近的旅馆，举办剧本讨论会。

天台国清寺一带，山清水秀，空气清新，林密幽静。十几位剧作者一到住地，顿觉神清气爽，心情舒展，都说：真不错，好地方。

郑拾风同志是我们特邀参与讨论会的人员之一，主要请他对这些新作发表意见，集思广益，帮助修改提高。他认为用这种各抒己见的集体讨论，对剧作者是有帮助的，最大好处是，启发剧作者打开思路，对剧作会有新意产生，但是，这种讨论不能强加于人，一定要善意帮助，出于公心。

讨论会的间隙，我们就三两成群在国清寺一带散步闲游，山林探幽。有一天，拾风同志约我到国清寺走走看看，就在大雄宝殿的东侧的小院中一株梅树前小憩。他指着这株古梅告诉我，这是隋代寺院初建时天台五祖章安手栽，所以人称隋梅。它的主干枯后而复生，居然枝叶茂盛，每到开花时节满树繁花，成为非常难得的一棵古梅，给人以生命力十分强盛的感觉。

郑拾风话题一转，说，有一次，他在外地一处"别有洞天"的风景区游览，看到一对青年男女正在找地方拍照留念。找了半天，女青年说："不用再找了，就在'天洞有别'这里拍吧。"

郑拾风有感而发："现在有些年轻人文化上的缺失实在惊人。他们可以不加分辨，完全是自以为是，浑然不知自以为是，而且还十分得意，这也是教育的悲哀。"

他进一步感慨地说："我们有些同胞到国外去旅游，在飞机上，在公共场所，大声喧哗，在街头随手乱丢垃圾，在旅馆不讲卫生等等举动，外国人侧目而视，他们也是全然不知自以为是，我行我素。我记得，在上海，一位外国钢琴大师的专场演奏会，场内忽然有几个小孩子嘻嘻哈哈，追逐玩耍起来，家长根本不管，肃静的气氛完全被破坏。

钢琴大师几次停顿，但见吵闹的状况并未停止，最后，钢琴大师说了一番话后罢奏退场。这种情况，真丢中国人的脸。"

郑拾风和我走到寺内另一处清静的地方，他把话题转到戏曲界。他问我："你感觉到没有，我们媒体似乎对编剧包括导演的宣传还不够到位，演员应当宣传，而且要持续宣传，有好的表演艺术家就得着力宣传，这对戏曲事业有好处。但是，编剧队伍中有很有成就的人，剧本是一剧之本，编剧是创作剧本的主力军，我认为宣传他们也很有必要，还得加把劲。编剧队伍中需要着力宣传的突出的人是有的，比如应该是广东潮阳人，喜爱评弹艺术，与评弹结下了不解之缘的陈灵犀，他为了编写评弹作品，诚心诚意向传统探宝，向演员求教，向听众请教，一股虚心勤学的韧劲，在边学边写的具体实践中，熟悉苏州的方言俗语，逐渐掌握编写评弹作品的艺术规律和技巧，数十年来，孜孜不倦勤于笔耕，大小作品多达百万言，而且由于他的作品量多质优而有'评弹一支笔'的美誉。他创作的现代题材长篇《会计姑娘》，改编整理的长篇《玉蜻蜓》《白蛇传》《秦香莲》，改编的中篇《罗汉钱》《红梅赞》《刘胡兰》《厅堂夺子》《林冲》等，至于开篇、唱词多达200篇，其中《六十年代第一春》《一粒米》等影响很好，而《林冲踏雪》《芦苇青青·望芦苇》，更是久唱不衰，百听不厌，这样的评弹作家应当让更多的人知晓。"

歇了一下，郑拾风言犹未尽，他接着说："又比如沪剧编剧文牧，据我知道，他是演员出身，后来转入编剧，这对他有极大好处，他熟悉沪剧表演、唱腔、传统风格，又熟悉演员，甚至熟悉观众。这样使他写起剧本来比较得心应手，可以根据演员的表演风格来设计他所要刻画的人物。他所创作改编的《芦荡火种》和《罗汉钱》以及整理的

《阿必大回娘家》等，观众很爱看，演员也爱演，常演常热，常演常新，也很要得，一句话，宣传演员时，不要忽视了宣传编剧啊……"

几天以后，郑拾风带我到天台八景之一的"石梁飞瀑"的茶室小坐。我们谈到他写昆剧《钗头凤》，我问他："你明知《钗头凤》这个题材偏老，已经有不少人编写过，你怎么还会碰它？"

他淡然一笑："我是自讨苦吃，是想碰一次硬，想些办法，塑造好一生经历战乱、满怀爱国热忱，并且经受爱情悲剧而爱心永不泯灭的爱国诗人陆游的形象。我多次探访绍兴沈园，在沈园独自徘徊，园中的垂柳、池水、曲径、泥墙，勾起我的许多遐想，我希望打开思路，能够得到一点创作灵感，反复考虑，我虚构了陆游的家人李贵与兰香两个史实所无，但在当时历史条件下可能产生的人物。这是一对纯真朴实的夫妻，他们跟随陆游多年，耳濡目染，他们同样具有浓厚的爱国思想。当敌兵入侵，战火蔓延，李贵毅然从军。出征那天，陆游以征衣相赠，鼓舞李贵战胜敌凶。不久，噩耗传来，李贵战死沙场，兰香闻讯，哭瞎了双眼，但她亲手把李贵留下的征衣，披在儿子李春的身上。当我写到最后一场'沈园绝唱'时，'沈园偏多无情柳'，园中垂柳已经枯萎，满头皓发的陆游独自踯躅园中，忽见八旬老妪兰香侧耳在听熟悉的陆游脚步声，他们虽有万语千言倾诉，但却相对无言，唯有几声唏嘘。"

听了郑拾风深情的叙述，我的理解是，他所塑造的这对烈火一样忠心赤胆的夫妻，同爱国诗人陆游的爱国赤诚，相互辉映，显示了"敌寇不灭，抗战不止"的爱国精神。他用衬托渲染的手法，把陆游的艺术形象映照得更加生辉闪光。

昆剧《钗头凤》，1981年参加首届上海戏剧节，获七个单项奖，扮演陆游的计镇华、扮演唐婉的华文漪和扮演兰香的张静娴获得了表演奖。

几年过去了，我们各自忙着工作，互望安康保重。

一天，得知郑拾风生病住进了华东医院。我去看望他，只见他笑谈自若，似无病态，实际上他得的是绝症。

他拿出一本硬面笔记本，对我说："希望每位来看望我的朋友，都能够给我留言。"

我心里一阵难受，但立即面带微笑写道："早日康复，再写几个好戏。"

临走前，他要我找一下有关张献忠的历史资料，他说："张献忠是明末农民起义的首领，而且是一个出身贫苦完全靠自己奋斗出来的人物。他经过坎坷的道路，一开始从军，就被人陷害而革役。再起义，成为王自用的三十六营主要首领之一。后来和高迎祥会合，大举东征，清兵南下，他在西充凤凰山中箭而死。这是个了不起的人物，有可写的东西，你帮我找些资料，能够更充实一点就好了，拜托……"

我找了一些有关资料，正想把资料带给他，要是还不满足，我再继续找。谁知消息传来，他因病重，医治无效，离我们远行了……

国清寺隋梅的说事，"石梁飞瀑"的茶室叙谈，"沈园绝唱"的最后一幕，种种往事，历历在目。他，一身风清气正走来，留存多部剧作美文远去。

戏曲画家高马得

十多年前,我的散文集《艺林短笛》设计封面时,选了高马得先生的戏曲画《挡马》。可我不知道马得先生的住址,后来,通过北京的老友刘乃崇,再问了华君武先生,才打听到他确切的通讯地址。

我寄去了稿酬、《艺林短笛》一书和短信。不久,马得回信:"现在很多人采用了我的画作,从不打招呼,更不寄稿酬,你真是正人君子,十分难得……"

从此,我们成了难能可贵的文友,除通讯外,他陆续寄赠《我的漫画生活——高马得》《水墨·粉墨——看马得画戏,听众家评说》《马得戏曲人物画集》《戏画·话戏》以及小品画集等。

我想,有必要专程到南京去拜访一次马得先生,聆听教益,增进情谊。正准备成行,忽闻马得先生逝世的噩耗,悲痛万分,懊悔不已。

马得,出生在马年(1919年),母亲属马,马年得子,取名马得。

马得7岁时父亲去世,给马得留下的是笔墨纸砚、碑帖画册、金石印章,这些东西给了马得画画的基因。

马得小时候曾在天津读书,养育了他对民间艺术的浓厚兴趣。每逢春节,东门外的娘娘宫热闹极了,杨柳青的戏文年画、民间玩具、各色剪纸窗花、布老虎等等，带给他极大的喜悦和熏陶。后来，他又接触民间艺人、戏迷、蹦蹦戏、河北梆子、草台戏班，使他爱上了戏曲。可他并没有开始画戏，他开始学画画的是漫画。抗战爆发，马得一家人逃难到了贵阳，他与朋友合办《国民画报》半月刊，自编自画漫画，引起读者的关爱。有一天，漫画家叶浅予去重庆路过贵阳，看到了《国民画报》，很感兴趣，特地去找马得，相约一起到花溪看苗家赶场。他亲眼看到叶浅予画速写，目识心记，过目不忘，既快捷又准确，既夸张又含蓄，使他认识到，应当在生活里寻找最生动、最丰富的形象和场景，并且带着浓厚的兴趣和真挚的感情去画，懂得速写是基本功，坚持练习，数十年从不间断，真是一日之师，终生为徒，叶浅予成为引领马得入门的师尊。

1944年，马得从贵阳来到重庆，正是争取民主的高潮，漫画大有用武之地。叶浅予为《新民报》晚刊主编的漫画版，邀请张光宇、黄苗子和马得合编。这个时期，使马得的漫画大有进步，他画的《张果老倒骑驴，向着民主唱，背着民主行》，以民间传统故事为比喻，讽刺当时政府说的一套，做的又是一套。这幅漫画大受赞赏，解放后被选入《漫画辞典》。

抗战胜利后，马得回到了祖籍南京。1950年，他在南京《新华日报》美术组工作。那时候，全国各省市的戏曲剧团都要到南京巡回演出。马得要配合演出画速写见报，他几乎每天晚上坐在剧场最前面，不停地画速写，他兴之所至，不仅眼手得到了很好的锻炼，而且积累了很多速写佳作，也为他以后专门从事戏曲画打下了扎实的基础。

到了1980年，马得调到江苏国画院工作，从此开始专攻戏曲人物画的岁月。他找到了感觉，也找到了自己。虽然老天爷只给他留下一只还有白内障的左眼，但是他仍然争分夺秒地看戏画戏，乐此不疲，勤奋好学。他画戏以速写、漫画作为参考和依据，但他不画工笔，力求写意。他重视看戏，力求看懂戏，感悟情节，熟悉人物，请教演员，甚至学习身段动作，以求得抓住演出中最闪光的表演，成为画戏中最光彩的佳作。为此，他广交演员朋友，学习交流。有时候一出戏想一次看明白，很难，更别说还要抬头看字幕、低头画速写了。有一次，他看昆剧折子戏《点香》，老觉得看不明白：一个穷得住破庙的算命瞎子，为什么每天还要点香？后来跟演员聊聊，才知道是为了怕"断了香火"，每天给祖宗烧香。他又不懂，为什么算命瞎子点香时侧脸向着蜡烛？一问，原来瞎子是凭脸的感觉来辨别香火的方向。马得弄懂了，理解了，就能画出神气来。要画得传神，重要的是在于深入生活，去懂得生活中的许多道理。

马得爱看戏，勤速写，他能在瞬息间感受到戏的美，把他的画戏成为画中之诗，不求形似，只求神韵。他画《牡丹亭》中的人物，擅用单线勾成，线如游丝，迎风飘逸，稍敷淡色，略染腮红，如入梦境，情意万千，梦意感人。他画的《游园·惊梦》《拾画·叫画》以及《蝴蝶梦》，都是梦意浓重，因此被称作"画梦的人"。

马得的戏画，以漫画的夸张变形手法与中国画水墨写意的笔墨情趣巧妙地融合，独具风貌，自成一派。他善于捕捉小人物的特殊身份与性格，比如探马报军情、贪官显穷相、媒婆说风情、小卒翻跟斗、更夫敲更鼓等等，无不画得神情精美。如果一个不懂戏的人是肯定画不出来的。

马得的戏画爱画背影，他说：从生活观察所得，人在伤心处常常背转身去，掩面抽泣，不愿被别人看到。而且，中国传统戏表演讲究背上有戏,因此,他在《贵妃醉酒》《千里送京娘》《断桥》等戏画中都展示背影。他认为,把《贵妃醉酒》中的杨玉环画成背影,是从剧情中观察得来的。杨玉环喜滋滋地来到百花亭等候唐明皇与她赏花饮酒,忽报"皇上转驾西宫",杨玉环既悲伤又怨恨,她难过又不能让宫人们看出有失尊严,只好假装满不在乎,"且自由他",转过身去。他画《断桥》,他认为白娘子怀孕到金山寺救许仙,受尽折磨,还是疼爱许仙。但又怨恨他无情无义,心情复杂,就采取用优美的背影去表现她回想过去与许仙的恩爱,再用许仙掩面而泣来描绘他的悔悟。

马得的戏画,不是照搬舞台速写,而是以剧中人物为中心,按剧情精髓,自编自导,以夸张的手法,表现他心中所要表现的人物形象,又以轻松、随意的笔墨把他们画活,表达他心中的美好感受。他对表现戏曲人物的兴趣愈来愈浓,对戏曲人物的研究也愈来愈深。他能客观地分析剧情和演员的关系、演员功夫的浅深,能够做到省略其中烦琐之处,补充其中不足的地方,充分夸张又能大胆取舍,创造合乎绘画造型的形象,既是戏,又是画,"不像不成戏,真像不算艺"。

马得出版多种戏画集,举办多次戏画展览,许多艺术家、画家对马得的戏曲画,说出了极其精到的评述,这是对马得戏画创作艺术的最好评价。

黄苗子先生深有感触地说:"我已经成为一个'世故老头',而马得在艺术上却越来越天真。这老头还保留了童心。他把舞台艺术嫁接绘画艺术中,他又成功地给中国画和漫画配种,因而产生他自己的、令人陶醉的艺术风格。"

汪曾祺先生观赏马得的作品后说道:"马得是画家,看起来温柔儒雅,心气平和,但是并不脱离现实,他对艺术、对生活的态度都是一个现实主义者。他爱憎分明，胸中时有不平之气，有时是相当激动的，对此业界的是是非非，并不含糊，也无顾忌，指桑骂槐，一吐为快。"

评剧名家新凤霞看了马得的戏曲画，先说了一个字："美。"看了又看，再说了一个字："淡"（淡雅的淡）。看到《晴雯撕扇》画中的身段，说："腰功好。"看了丑角的跳跃动作，说："带有锣鼓点。"再看了《戏叔》，说："武松画得好，但潘金莲的戏没有做足。"后来，马得听了新凤霞的意见，重画《戏叔》。

俞振飞大师看马得戏画时说了四个字："有情有意。"马得深有感悟地说："俞老是戏剧家，这是他对戏的要求，这四个字也成了我作画的准则：没有感情的不画，没有意境的不画。"

辑三

魏启明演好《马寅初》

我曾经和上海人艺知名演员魏启明同住愚园路,我住路东,他居路西。每当我散步的时候,常与他相逢、交谈、问候。

"近来忙吗?"我问。

"忙,忙好啊!闲着多没劲。"他爽朗地回答。

他忙什么?忙排戏,拍电视剧,创研新角色,有空写点学艺心得,他是个闲不住的人。

他演《陈毅市长》,从舞台到银幕,这个戏在上海人民心目中享有很高的声誉。

可他在电视剧《马寅初》中所塑造的马寅初形象,我觉得并不比陈毅市长逊色。从某种程度上讲,要演好马寅初这个特定人物,难度不小,相当吃功夫。但是,他演成功了,演活了,真不容易。好多观众看这部电视剧时感动得啜泣落泪,这是一部撼人心魂的优秀作品。

是的,这是一部难度很大、很难驾驭的人物传记片。马寅初是中国现代知识分子中最优秀的代表人物之一,也是人们最崇仰、最怀念的学者之一。他热爱祖国,关注民生,贴近人民,每当人们因挤不上公交车而怨言连声的时候,每当人们在现实生活中为住房、就业、子女上学等发愁的时候,都会情不自禁地想起"马寅初"这位不是封闭在书斋里的学者。

电视剧《马寅初》生动地塑造了一位为坚持真理决不向任何强权和压力低头屈服的现代学者形象。魏启明塑造的马寅初艺术形象给我们的思想启示和精神收获,远不止于关于人口问题的感叹,它所蕴含的历史文化内涵和思想意义,显得更丰富和深刻。

这部电视剧的艺术价值、主要成就,是对马寅初性格的准确把握和真实描绘。马寅初这位世纪老人的人生经历内容何等丰富,但是,电视剧的主创人员宁愿舍弃许多生动的人生精彩篇章,集中鲜明地表现马寅初性格最本质的特征,以简洁的艺术手法,在一个八集电视剧的篇幅中,表现他一生中两场重大的斗争。我觉得,这是明智的做法,力戒那些拖沓冗长、内容平淡的通病,比那些不接地气,不传送正能量的电视剧,实在是高明得多。两场重大斗争:一是上世纪40年代他反抗国民党反动派的迫害所作的英勇斗争;另一是上世纪50年代他在新中国遭遇极"左"势力的攻击而进行的大无畏的论辩。

在国难当头民族危亡的时刻,马寅初在重庆以经济学家的身份公开发表演说,痛斥蒋家王朝四大家族大发国难财的罪行,遭到国民党反动派的残酷迫害,他被囚禁在集中营里,但他毫不畏惧,每次挺身走上讲台前写好遗嘱,为了民族的命运,不惜个人的生命。

新中国成立后,年届古稀的马寅初不辞劳苦地工作,他担任北京大学校长,还多次下乡,深入农村调查,了解实际情况,1957年发表《新人口论》,提出"人口爆炸"的警告,呼吁"节制生育"。他的这些理论被认为是马尔萨斯反动人口论的翻版,受到批判,"以学术名义搞右派进攻"。但他坚信真理,拒绝检讨,并在巨大政治压力下发表《重申我的请求》，严词驳斥批判者们的谬论。于是，他被撤销一切职务，被赶出北大。他宁肯放弃一切身外荣华，不肯违背自己确认的真理。当他的好朋友邵力子、黄炎培等劝他"检讨过关"时，他回答："我只能检讨错误，不能检讨正确。"并且高声唱起母亲教他唱过的一首儿歌："上有天，下有地，山是山，水是水，真人说真话，良心不可欺！"

这就是马寅初特有的品格、骨气和精神！

当人们看到这些动人的场景，怎能不感动得热泪盈眶。

我相信，魏启明在拍摄这部电视剧之前，一定阅读过马寅初的重要著作，研究过有关的历史资料，访问过有关的人员，以增强他对马寅初人格品性的了解。他在马寅初这个特定人物塑造上，紧紧地扣住主要的艺术特点，就是充分运用一个个富有表现力而又意味深长的细节，细致而多侧面地刻画人物的个性，展示他的丰富的内心世界。马寅初是一个情感丰富、性格开朗的人，当他欢快时，拉着年轻学生比赛爬山；当他的办公室里贴满了批判他的大字报时，他大笑三声，回击这些粗暴无理的攻击；当他最信任的女学生刘佳茵被打成右派，来向他告别时，他无言地脱下夫人刚刚给他缝制的背心给佳茵披上。这许多细节，使马寅初的形象既丰满又亲切感人。

魏启明在人物塑造上的另一个特点，是把马寅初的性格刻画和时代环境的描写紧紧结合起来，从特定的历史氛围中展现他的个性。同时，揭示当时的现实，严峻的历史真实性，许多人物在当时特定历史条件下的可悲的命运，使这部作品具有强烈的历史批判性和思想深度，引起观众深深的历史反思。

显然，魏启明是充满激情地进入人物塑造的。从内心体验到形体动作，以及每个细节的表现，他都在尽力将一个真实的马寅初还原给人民群众。马寅初每次演讲之所以能激动人心，首先是演讲内容具有的思想震撼力，其次，魏启明作为一个成熟的话剧演员，充分展示了他深厚的台词功力和艺术素养，使观众为之信服，为之感动，为之感奋。

魏启明，江苏南京人，早年毕业于上海民立中学，后来考入圣约翰大学中国文学系学习。1946年停学后从事戏剧活动，不久进入上海市立实验戏剧学校，师从熊佛西、杨村彬等著名戏剧家。毕业后他参军，1949年在苏南军区文工团任演员。两年多后，他调到华东军区文工团（即后来的南京军区前线话剧团），从事话剧的编、导、演工作。1978年调入上海人民艺术剧院，曾经担任一团团长，一级演员。1988年离休后，他依然积极热情地参与话剧、影视剧的表演艺术活动。

我最欣赏他在表演艺术上，坚守朴素、"无拘无束"的表演，把追求人物心理以及与人物心理、性格相符的形体动作的"真实"放在第一位，反对"拎着角色演戏"。他提出，要"从自身内部心灵深处，搜寻角色的心理特质"，"把剧中人物还原为活生生的人"等艺术观点。他从艺五十多年，创造了近九十个艺术形象，一生在艺术上勤奋努力，不懈追求。我想，电视剧《马寅初》获得好评，绝不是偶然的。

魏启明同志离开我们已经有不少年头了。如今，每当我走在愚园路上，仿佛他正迎面走来，说："忙，忙好啊！闲着多没劲。"

一位人们喜爱的艺术家，人们会永远怀念他。

一个优秀的艺术家塑造的艺术形象，总会给广大观众以精神滋养和正能量。

一部好的电视剧，常常让观众在思想境界方面得到提升，而且久久难忘。

司徒汉指挥生涯60年

每当雄伟壮美的《黄河大合唱》歌声响起，我的眼前就出现一个满怀激情、舞动双臂、有着巨大震撼力的身影，这，就是我的老同学、老朋友、老同事——指挥家司徒汉。

1947年，随着政治、经济危机的加深，国民党统治集团和广大人民之间的矛盾日趋尖锐。

当时，就读于复旦大学新闻系的司徒汉与全校进步同学一起，积极开展一系列活动。新闻系主编的墙报《新闻窗》相当出色，《复旦人》《文澜导报》等油印刊物也受人欢迎，缪斯社举办的歌咏、舞蹈、美术、诗歌活动，在校园里蓬勃兴起。

一天晚上，在复旦大礼堂，全校师生员工坐得满满当当，由司徒汉指挥、旦声合唱团演出的《黄河大合唱》闪亮登场。司徒汉精神饱满，气势磅礴，以极大的激情和感染力，使整场演出自始至终高潮迭起、情绪激昂，受到周谷城、周予同、章靳以、蔡尚思、卢于道等教授的赞赏，给同学们留下了难忘的印象。

消息传到校外，交通大学、圣约翰大学等邀请旦声合唱团前去演唱。司徒汉和合唱团的同学们用化装形式在各大学巡回演出。国民党反动派纠集一批流氓打手实施捣乱，各校同学们在剧场外筑起"人墙"，高唱革命歌曲阻止特务骚乱，使演唱得以顺利进行。

司徒汉，一个年轻的新闻系学生，为什么能对合唱指挥这么投入、这么熟练，能以最大的能量、用动情的歌声去感染观众呢？

早在1938年，15岁的司徒汉是广东青年抗日先锋队的成员。有一天，在一连五天的急行军中，队员们极度疲劳，纷纷瘫卧在路旁。有人建议司徒汉带领大家唱唱歌。唱什么呢？司徒汉经过思考，想到唱《义勇军进行曲》是最合适、最鼓劲的了。他顿时热血涌动，神情激昂，双臂轮换交替着由低处往上舞动，使三个"起来"的旋律越唱越高昂。队员们在歌声中情绪激越，一个个站起身来，手拉手迈动了前进的脚步。这是他生平第一次指挥大家唱歌，也是他长达60年之久的指挥生涯的开始。

1947年5月，国民党统治区广大学生开展了空前规模、震惊中外的"反饥饿、反内战、反迫害"的运动。5月20日，国民党反动派在南京珠江路，对南京、上海、杭州、苏州16所大专院校学生"反饥饿反内战"、要求增加学生公费和全国教育经费的请愿游行进行镇压，制造了"5·20"惨案。消息传到复旦大学，广大师生极度愤慨，立即组织队伍冲出校门走向闹市区。司徒汉走在队伍的最前面，手执小红旗，怒目圆睁，满腔愤恨，指挥游行队伍轮番高唱《团结就是力量》《你这个坏东西》《救国军歌》《跌倒算什么》等革命歌曲。当我们的队伍踏上南京路，嘹亮的歌声随着司徒汉的指挥，越唱越有劲，越唱越感人。南京路两旁的市民情不自禁地欢呼鼓掌，还送茶水和毛巾。

可是国民党政府倒行逆施，肆意迫害人民群众的暴行变本加厉。1948年1月，同济大学为反对无理开除学生，争取组织学生自治会的民主权利，开展斗争，遭到镇压，发生了"1·29"流血惨案。复旦同学们怒不可遏，组成声援同济同学的队伍，由司徒汉指挥，一路高歌，走到了同济大学前面的其美路上（今四平路）。这时候，圣约翰大学、交通大学等队伍也到了其美路。司徒汉指挥各校同学轮番唱响革命歌曲，一时间，其美路上成了劲歌飞扬的海洋。

国民党反动派用军警、马队、特务层层密布阻止学生前进，相持到傍晚，马队突然冲击学生队伍，有的学生奋不顾身，拽住马缰，以致一路被拖着走而流血受伤。同学们手牵手，高唱歌曲，冲进同济大学，以"血债要以血来还"为主题，举行抗议晚会，司徒汉指挥集体唱歌，同时演出活报剧。直到深夜，反动军警冲进会场，强行把学生们拉出会场，复旦同学被关进一间教室。司徒汉和其他几个同学悄悄地提醒大家："赶快把随身所带的重要物件销毁！"这时候，突然进来一个蒙面人，注视一番转身出去，军警进来高喊："司徒汉出来！"我们的好同学、好指挥就在这个晚上和其他几个同学被捕了。经过复旦、同济等几所大学进步教授的呼吁，上海11位律师的积极营救，司徒汉等被捕同学终于被释放回校。考虑到形势的紧张和人身安全，司徒汉被送往苏北解放区，他在华中大学学习并担任该校文工团的指挥。

上海解放后，他回到上海，先在上海市军管会文艺处任音乐干事。1953年，调任上海乐团合唱队队长兼指挥。三年后，他在中央乐团举办的由苏联指挥家杜马舍夫主持的合唱指挥学习班毕业，回上海后任上海合唱团团长兼指挥。几十年来，他指挥演出的中外合唱歌曲与群众歌曲不计其数；他经常举办群众歌咏指挥学习班、指挥与歌曲处理讲座；创作了多部近代题材的大合唱、300多首其他形式的声乐作品；他创作的歌曲《当祖国需要的时候》成为流传全国的好歌。他指挥过的主要曲目有：《黄河大合唱》《长征组歌》《幸福大合唱》，交响合唱《中南海的明灯》《新世纪前奏》，音乐舞蹈史诗《东方红》以及电影《聂耳》《枯木逢春》中合唱等。他曾应邀到美国芝加哥指挥华人的《黄河大合唱》，引起美国观众，尤其是经过二战的美国军人的热烈反响。他在上海南京西路的上海杂技场（现已拆除）指挥几千人的《前进！光荣的上海工人》大合唱、大轮唱，那动人的情景使人难以忘怀。

司徒汉的合唱指挥具有很大的感染力和鼓动性，每次指挥他总是热情奔放，全身心投入而又深刻细致，他有力的双臂，随着音乐节拍挥洒自如。他总是用激动的眼光扫视全体合唱队员，点燃每个合唱队员的心灵明灯，激发他们的深厚感情。

当他听说上海有些中学生唱不好甚至不会唱《国歌》，他感到焦急不安，骑上他的"老坦克"（上海人对破自行车的戏称），大清早赶到光明中学，在升旗仪式上教唱《国歌》，他要求同学们"唱好《国歌》，做爱国青年"。接着，他又到别的中学去教唱。

我们在上海工作生活的一些复旦老同学，常有聚会交流的机会。有一次聚会，听说司徒汉生病了，得的是帕金森症，估计他来不了了。可是他来了，步履蹒跚地走来。他告诉我们，准备举办一次指挥生涯60年的音乐会，到时候要请老同学们参加。

2000年12月，在上海大剧院，在上海的合唱团体参与演唱下，78岁的司徒汉，以极大的毅力，克服病痛的困扰，登上舞台，指挥老年合唱团演唱了许多耳熟能详的好听的歌曲。全场情绪高涨、高潮迭起、掌声雷动，这是对他60年来终身热爱合唱艺术和群众歌咏活动所作出的贡献的尊敬和赞颂。

谁也没想到，这是他最后一次指挥合唱活动。2004年9月4日清晨，中国合唱事业开拓者和奠基人之一的著名指挥家、作曲家司徒汉因突发心肌梗塞，病逝于华山医院，享年81岁。

　　我想，应当永远记住司徒汉这意味深长的箴言："合唱，是通俗艺术与高雅艺术的结合体，是通往高雅艺术殿堂的桥梁。合唱艺术，首先要自己受感动，才能去感动观众。合唱艺术是我的终身事业，我要为合唱艺术达到理想的境界，勤奋一辈子。"

难忘"魏伯伯"
——忆文史学家魏绍昌

每当上海剧坛出现欢庆盛事,我总会想起一个人。他毕生致力于点点滴滴、不嫌烦琐的学术资料工作,在红楼梦研究、近现代戏曲研究、清末谴责小说以及鸳鸯蝴蝶派研究等方面,作出了为中外学者所赞赏的贡献。他的工作不限于搜集书面文字,还勤奋地探寻活的资料,在上海乃至全国的文艺界、学术界、戏剧界以及影视圈交游广阔、人缘极佳。他为人襟怀坦荡,热诚待人,助人为乐。他不将自己独家占有的资料视作奇货可居,只要对学术艺术研究与发展有利,无论什么人求教或求助于他,他总是坦诚相告、有求必应。他,就是人称"上海一宝",被上海戏剧界演员称作"魏伯伯"的文史学家魏绍昌。

与曹禺的盛情厚谊

1948年到1949年间,魏绍昌与曹禺在上海有过一段难忘的日子。曹禺同上海的关系,并不亚于北京、天津、重庆等地,他的早年名作《雷雨》《日出》《原野》都在上海初版出书,而《日出》《原野》还在上海舞台上首演。他自编自导的唯一一部电影《艳阳天》，也是由上海文华影片公司摄制的。

曹禺成为评弹知音、书坛老听客，与魏绍昌的引导与推介密切相关。1948年的一天，在魏绍昌的陪同下，曹禺和胡子婴第一次踏进了坐落在上海马当路上的大华书场。曹禺初次接触"杨调"弹词，即被评弹艺术所吸引，连连赞赏评弹格调高，有神韵，刻画人物细腻入微，夸奖杨振雄的表演漂亮潇洒，风采一流。

上海解放不久，曹禺到上海，又在魏绍昌的陪同下，欣赏了弹词名家蒋月泉、张如君等说唱的中篇弹词《大生堂》，听得十分投入，赞赏"蒋调"深厚苍劲、情理深切。

有一次，曹禺听杨振雄、杨振言"杨双档"的《武松·别兄》，他深情地说："我这个人不好流泪，可是听了《别兄》，感动得流了泪。听书是一种极高的艺术享受。我年轻时听书，爱之深，恨之切，爱，当不必说了，恨，便是恨不生为苏州人，至今还不能真正听懂。可是，听得久，听得多，也还算是一个门外知音吧。"

1991年，是曹禺80寿辰，他生肖属狗。魏绍昌特请著名画家刘旦宅画一幅生肖图致贺。刘画师考虑以后，决定画聪敏、勤劳的牧羊犬。这条作立状的牧羊犬精神抖擞，因曹禺生于九月二十四日，便添上几片红枫，以"海内存知己，天涯若比邻"题眉。魏绍昌还请34名曹禺先生的老友新知，在画幅上面的空白处签名，大致包括四个方面：一是曹禺的老友，如巴金、柯灵、佐临等，二是曹禺的得意弟子，如谢晋、任德耀、胡子婴、梅朵等，三是为曹禺剧作在改编、导演或表演方面作出贡献的，如张瑞芳、白杨、黄宗英、乔奇、孙道临、王丹凤等，四是近年来致力于研究曹禺的如方平、曹树钧，另有改编《日出》为沪剧的何俊,还有演过繁漪、陈白露的沪剧演员马莉莉等。

曹禺收到生肖图后,亲笔给魏绍昌写信,信上说:"忽接来书并刘旦宅先生杰作,感喜莫名。多年来未通音讯,见信如见人,以久病无力,托玉茹代申谢忱,知老友如您,不罪也。并再写数句,用谢你的盛情厚谊。敬祝春节大吉,一切顺意。曹禺,1991年2月12日,北京医院。"

十全十美

1986年11月底、上海人民艺术剧院为著名戏剧艺术家黄佐临从艺长达半个世纪、又逢80大寿的双喜临门,举行专场祝贺演出,选演了《夜店》《陈毅市长》《第二个春天》《布谷鸟又叫了》《家》等剧的精彩片段,仍由佐临过去导演的原班人马上演。演出前中国剧协主席曹禺从北京赶来致贺词,白杨和张瑞芳献了礼品。

1987年3月,魏绍昌在静安宾馆约了10位上海的青年女演员一起向佐临祝寿。

魏绍昌为什么要约青年演员向黄老祝寿呢?他认为,青年永远是人类的希望,老年人需要有青年人在身边,世界才显得青春不老。那么为什么要约女青年演员呢?魏绍昌认为从实际出发,近年来戏剧界出现的优秀演员,女性比男性占优势(黄老补充说导演也是女青年占优势)。

这10位青年女演员代表10个剧种,她们是昆剧张静娴、京剧吴颖、越剧陈颖、沪剧倪幸佳、舞剧顾红、芭蕾舞剧辛丽丽、滑稽戏顾竹君、评弹卢娜、话剧徐幸和电视台戏曲节目主持人小辰。她们的平均年龄29岁，都是活跃在上世纪80年代舞台和屏幕上的新秀。黄老是戏剧界身经百战的老将，他虽然主攻的是话剧与电影，但他发挥的作用与影响，遍及戏剧界，而且他本人对各个剧种也有广泛的兴趣（尤其爱好评弹与昆剧）。他是天津人，但他以上海为基地，从事戏剧活动时间长达40多年，而这10位女演员都隶属于上海各个剧团，又都是从小在上海成长起飞的。魏绍昌请黄老和这10位不同剧种的后起之秀欢聚在一起，举杯祝寿，感到非常亲切和温馨，为黄老祝寿取"十全十美"的口彩，围坐一圆桌，如众星拱月，十分融洽。

　　魏绍昌已经离开我们驾鹤远行了。他为上海戏剧界做出的奉献也许是不显眼的，甚至是微不足道的，但他的执着、诚恳、热情的服务精神，常常使我们从内心感到真切、慰藉。他是我们上海剧坛不能忘记的一个好人。

勤奋结硕果
——读《欧阳文彬文集》

2012年10月5日上午,天气晴好,我和女儿宋铮去拜访作家欧阳文彬同志。她是我的前辈老师。她曾在新民晚报担任副总编辑,我女儿现在新民晚报工作,我有意让我女儿去拜见这位新闻界的老前辈。

我们有很久不曾晤面了。还是在"文革"前由于工作关系,常有机会见面。那总是在机关里,或者在剧场里。

一别居然几十年,今天见面,大家都老了。

可是,她穿一件红色衣衫,一头白发,精神矍铄,讲话声音洪亮,哪像是93岁的老人。她说:"我还有使不完的劲。只是腿不大好,走路有困难。但是,天气好,请保姆小范推着轮椅,我就上公园去散步。"

她接着说了一连串使我感到惊喜、佩服和振奋的事情。

她,60岁学吹打,早年从事编辑工作,业余写些评论文章,1979年,居然转向创作,写了长篇小说《在密密的书林里》。

她,古稀之年学电脑。一些朋友知道了,引起疑问,甚至感到不可思议。有的朋友问她:你年纪大了,怎么想起来学电脑?她回答:

谁规定的学电脑要限制年龄？朋友又问：电脑可不是那么容易掌握的，此笔不是那笔，老年人头脑反应慢，能学会吗？她回答：老作家徐迟年纪比我还大，早就跑在前面了。人家能学会，我就学不会？

她，84岁学京剧。初学老旦，转学老生。先是在老龄大学的京剧老生班里学，后来专门请了上海京剧院退休演员陈佩钦当老师，在自己家里一周两次，请了琴师和戏友一起唱戏、学戏。她会唱的戏不少，如《洪羊洞》《武家坡》《打渔杀家》《捉放曹》等等。如今，京剧已经成了她生活中不可缺少的一部分。

有意思的是，她家的保姆小范，在欧阳同志的影响下，也学会了电脑，同时也学会了唱京剧。电脑学会了成了欧阳同志的帮手，学会唱京剧，一曲《吊金龟》唱得有板有眼，还能唱老生戏《失街亭》《武家坡》《文昭关》，两人还经常切磋学唱心得与经验。

临别的时候，欧阳同志送给我们《欧阳文彬文集》一套共五卷（以下简称《文集》）。

多年不见的欧阳同志，她不是老态龙钟反应迟钝的老人，而是老当益壮、好学不倦、与时俱进的健康老人。

这沉甸甸的五卷《文集》，就是一套极为丰富的文化大餐，这是欧阳同志勤奋笔耕几十年结成的可贵硕果。

我浏览一遍以后，发现《文集》的内容非常丰富，品种样式繁多，有长篇小说两卷，评论卷（当代文学评论、外国文学评论、影剧评论、文艺杂谈），散文卷（怀人篇、记事篇、旅游篇），杂俎卷（报告文学、专访特写、儿童文学、译作、书信），真是琳琅满目，美不胜收。

我发现，对一个人的了解，停留在一般的认识和交谈是远远不够的。只有通过阅读其著作的各个方面，才有可能获得比较全面的认知。

欧阳同志在抗战初期，从长沙民国学院辍学后，参加了第九战区政治部政工大队流动宣传队，从事抗日救亡宣传工作。后来走上了出版岗位，先后在桂林新知书店、文化供应社、重庆亚美图书社，以及重庆、上海开明书店工作，编过《中学生》杂志。

40年代，欧阳同志有幸在叶圣陶先生领导的开明书店和《中学生》杂志社工作，直接接受叶老的熏陶和教诲。叶老的身教言传，无疑对欧阳同志的思想、工作和人生起着十分重要的影响。叶老曾说到开明同仁的作风，四个"有所"：有所爱，爱真理；有所恨，恨的是反真理；有所为，合乎真理的才做；有所不为，反真理的就不做，要创造新的开明风。我想，欧阳同志正是遵循这些教导，做好编辑出版工作的。

叶圣陶先生是文学家、教育家、语言学家、出版家。他，为人光明磊落，言行一致，在文学、教育、语文、编辑、出版等方面作出了卓越的成绩和贡献，成为欧阳同志学习的榜样。

新中国成立后，叶老在北京先后担任出版和教育方面的领导职务，而欧阳同志则在上海工作，不再有聆教的机会。

"文革"结束，欧阳同志被北京三联书店借调去为前辈作家闻一多、夏丏尊、宋云彬编文集，三年时间，曾住在叶老家，朝夕相处。

欧阳同志眼里所见的叶老，是一位活到老、干到老、学到老，勤奋诚信的尊师长者。她是这样描述这位尊长的："这时叶老已是耄耋之年，视力听力都已减退，每天早晨戴上耳机听广播新闻。戴上老花眼镜再加放大镜，埋头伏案，为人看稿、改稿、写序。他还每天坚持写日记，字迹工整，一笔不苟……叶老待人诚信，有信必复。他还要接受一些重要的编辑任务……他大概是出版界编龄最长的人了，从头到尾少说也有 60 多年。"

欧阳同志写了叶老，还写了革命老前辈徐特立，写了文坛前辈张天翼、夏丏尊、徐调孚，她还写夏衍、姚溱的好作风，写"老将"赵超构、报人姚苏凤，写张瑞芳的表演、丁是娥的唱腔等等，这些都应当写，很有必要，而且写得很生动亲切。

但是，她还写了一些鲜为人知的人物，我觉得也很需要，可以想见她的视角是广泛的，她的心态是平和的。比如，她写光荣妈妈陈翠嫦，从看电影《革命家庭》，谈到陈翠嫦的身世，电影里周妈妈的遭遇，有和陈妈妈相似的地方，相同的是家乡封建思想浓厚的地方，但是也往往成为革命思想较早发生的地区。这样一代的母亲在旧社会真苦，受了帝国主义和反动派的压迫，还要受封建思想和封建男人的压迫。陈妈妈在党的教育下，把自己所生的五男一女都送去参加革命队伍，她成了光荣之家里的一位受人尊敬的光荣妈妈。

这样平凡而又不平凡的母亲，应当写她，应该让更多的人知道，伟大的人物也可能在平凡的家庭里出现的。

欧阳同志写《初闯上海滩的马金凤》，不仅是她当记者采访的第一个对象，而且是向上海观众推荐豫剧名角马金凤的第一人。

1953 年，马金凤首次来上海演出。上海观众不大熟悉豫剧这个戏曲剧种，更不知道马金凤。

欧阳同志凭着自己对戏曲的爱好，接下了这项采访任务。出现在她面前的马金凤，穿一套当年女同志千篇一律的列宁装，把长长的发辫藏在帽子里，一副淳朴的村姑模样，言谈举止带有浓郁的乡土味。刚见面，握着欧阳同志的手，问过年龄后，直呼欧阳同志"大妹子"，就滔滔不绝讲述她学戏、演戏的坎坷经历，讲她在旧社会被恶人欺压的痛苦，讲她解放后受观众欢迎的喜悦。

一次采访，就成了亲切的姐妹。而在采访前，欧阳同志看了马金凤《穆桂英挂帅》的演出。生活中是一个淳朴的村姑式的人，舞台上却是穆桂英光彩照人，声情并茂，是欧阳同志"所见过的最出色的舞台形象之一"。

她觉得，这出戏的剧情也很有特色，它表现的不是人所共知的女豪杰，而是"五十三岁又掌三军"、威风不减当年的老元帅。

后来，马金凤回河南后，还和欧阳同志通过信。"文革"后，她重来上海演出，还送票给欧阳同志，让欧阳同志重睹她的风采。

马金凤初闯上海滩，一鸣惊人，名闻戏曲界，梅兰芳先生多次观摩马金凤的演出，热情赞赏她的表演艺术，和她亲切交流艺术，后来，梅先生改编豫剧《穆桂英挂帅》为京剧，作为新中国成立十周年的献礼剧目，大获成功。

我想，马金凤心目中的这位"大妹子"，当年写了《初闯上海滩的马金凤》，应该是很及时，也很有意义的。

欧阳同志还写了《一个业余的言派老生》。

这个业余的言派老生，就是在上海录音器材厂工作、担任长宁区业余艺术团京剧队队长的李家载。

早年，言菊朋在上海演出时，13岁的李家载因为爱听言派戏，找了关系，跟着大人到言菊朋的住处，当面求教。言菊朋随口教李家载哼了一段《法场换子》。从此，李家载常去言菊朋住处学艺。

1950年，上海人民电台的京剧节目里播出了言派戏《贺后骂殿》，好多听众打电话到电台询问播唱者是谁。言慧珠听到这段节目，还以为是他父亲生前灌制的唱片。事实上，播唱者就是曾经言菊朋生前教学过的李家载。

实际上,当年言菊朋只是短暂时间教李家载几段零星的唱词,没有给他说过整出的戏。以后他主要依靠唱片。他搜集了言菊朋的唱片四十多张,经过反复收听,慢慢地把言派唱腔的规律摸着了。再找各种机会向别人请教,比如向过去为言菊朋操琴的琴师李慕良、杨宝忠以及言菊朋的儿子言少朋请教,帮助很大。

解放后,李家载一面工作,业余时间不但继续钻研言派表演艺术,而且领导长宁区艺术团京剧队经常在工人俱乐部演出,工人们爱听李家载演唱的言派戏,而李家载的言派戏也大有长进。有的爱好言派戏的工人,还向李家载来求教,请他教唱。

欧阳同志写了上海的工人靠自学成才言派老生这件事,应当是很有现实意义的,事实说明,李家载的言派艺术后来已在戏曲界有一定影响,也有了名声。在学言派戏的演员中,李家载不是死扣死学的那种人,他追求言派唱腔的神韵,吸收其优点,扬长避短,学习言菊朋勇于革新的精神,而不是照原样生搬硬学。

"文革"后,举办过一次上海京剧演员演唱会,上海京剧界的著名演员几乎都演唱各自的著名唱段。我记得李家载也上台演唱了《清官册》"接过了夫人酒一樽……",神完气足,意味隽永,听得出来,他的言派唱腔已臻成熟完美的境界,是一个难得的人才。

我读《文集》,最使我感动的是,她在年届花甲之际,创作了长篇小说,而且是先后写了两部,都是三十万字左右的作品,真是对她肃然起敬,佩服之至。

她是长期写评论、写散文为主的,写评论用惯的是逻辑思维。可写小说就完全不一样,那么她是怎样想到写小说的呢?

她说,"文革"以后,生活、新知、读书三家书店的老同志,劫难之后重逢叙谈,讲到当年并肩战斗的往事,讲到"文革"中三家书店被诬陷为"30年代修正主义黑店",三家书店的同仁被打成"黑线人物",锒铛入狱,受尽磨难,大家感到有拨乱反正,还历史本来面目的必要。欧阳同志既是新知书店的老同仁,又是作家协会会员,责无旁贷,应当反映当年书林里的这场特殊斗争,于是,就有了创作长篇小说的决心。

必要性已经明确了,写作的决心也下定了,尽管她并没有低估这项任务的艰巨性,可是实际操作起来困难迎面而来。

当然,也有有利条件,比如书林的斗争生活,她是熟悉的,生活的积累比较多,素材并不缺乏。还有费三金同志的合作。

但是,具体写作起来,生活素材如何取舍、剪裁、提炼?几经易稿,有时推倒重写。在许多同志和责任编辑谢泉铭的具体帮助下,1981年,这部《在密密的书林里》长篇小说终于和读者见面,可喜的是,这部表现当年书林斗争生活的革命历史题材作品,很受读者欢迎,被列为当年十大畅销书之一。

而欧阳同志的第二部长篇小说《幕,在硝烟中拉开》(仍与费三金同志合作),描写了活动在国民党统治区的一支党领导的、由流亡学生组成的抗日救亡宣传队的斗争生活。欧阳同志本人就是当年救亡宣传队的成员,她有丰富的实际生活,积累了很多第一手的创作素材。这部小说出版后,获得了解放军文艺出版社1977—1986年优秀长篇小说奖。

欧阳同志这样说:"我爱书,就和书打了一辈子交道。从看书、卖书,到评书、编书、写书,一直干着自己爱干的事。离休了也挡不住我和书打交道。"

她以勤奋好学、爱书如命的人格魅力，充实着她的精神生活，谱写着她的美丽人生。她是我敬重的一位健康的文化老人。

吴昌硕、荀慧生的师徒情深

吴昌硕是近代书画家、篆刻家,生于1844年;荀慧生是京剧表演艺术家,生于1899年。他们的年龄相差55岁,虽不是同辈之人,可他们结为忘年交,通过水墨丹青,他们成为名师高徒,是艺术的交流,师徒情深,艺事日臻。

1919年,荀慧生与杨小楼、谭小培、尚小云组成"长胜社"到上海演出。后来,杨小楼、谭小培、尚小云这"三小"载誉返回北京,荀慧生仍留在上海,与周信芳、盖叫天、李桂春(艺名小达子,李少春之父)、冯子和等合作演出,深受上海观众的称赏。

这时候,德高望重的画坛泰斗吴昌硕,已经是75岁的老人了。但是他对京剧情有独钟,他为了使荀慧生这位年轻有为的(当时荀为20岁)京剧演员,在艺术上获得更多更大的长进,他邀集画家刘山农(天台山农),记者沙大风,评论家林步屋、严独鹤、舒舍予等,为荀慧生组织了"白社"(因荀慧生艺名为白牡丹)。

回想当年,荀慧生以一个梆子演员改唱京剧,遭到一些人的非议,甚至有些颇有名气的京剧演员,由于他们思想保守,看不惯荀慧生的做派,他们常常在幕后边嘲笑他稍带梆子味的南梆子唱腔。荀慧生听在耳里，气在心头，他曾说自己的艺术发展史，是一部忍气吞声的"伤心史"。

荀慧生是靠刻苦努力、勤奋好学，对艺术精益求精而取得成就的。他平易近人，具有平民性格，他在舞台上所表演的人物，大多是社会底层的丫环、侍女、小家碧玉。他深切地感到当时艺人的社会地位低下，生活无保障，有的死后连葬身之地都没有。他发起募捐购买义地的活动，请京剧界名家慷慨解囊，后来在自新路买下12亩空地，盖了个小祠堂，就是知名的"梨园公墓"。

以诗、书、印、画誉满神州的吴昌硕，受到荀慧生的景仰。经过刘山农、林步屋的介绍，荀慧生由于酷爱绘画，向金石书法家吴昌硕老先生请教。荀慧生在演戏之余，成尺幅花卉小品就教于吴老。吴昌硕仔细观看了荀慧生的作品后说："用笔用墨虽不够娴熟，然落笔之气韵却非同一般。"后来，荀慧生拜吴老为师，吴老常高兴地对人说："我暮年得此好学不倦之天才艺员做门生，真乃一大快事！"

1923年吴昌硕80寿诞，荀慧生为对恩师的祝贺与献礼，特地上演《麻姑献寿》，传为艺坛佳话。

荀慧生在上海演出四年之久，在演出之余，他常与"白社"的至亲挚友们探讨京剧艺术，同时向吴昌硕学书作画。吴老喜欢画梅花，荀慧生耳濡目染，他画梅颇得吴老的神韵。师徒二人，情深意笃。荀慧生演戏，常留包厢，请吴老全家看戏，散戏后，吴老总请荀到吴家共进夜宵，食毕，他们常作画，使荀慧生的技法日趋提高。

1925年，举行了拜师礼，荀慧生成为吴昌硕的正式门人。1927年，荀慧生以新戏《丹青引》上演后深受好评，以后被选为"四大名旦"之一。这个戏演出成功，与荀慧生在演戏中当场挥毫作画，使整个戏平添光彩，但更重要的是与吴昌硕教导绘画技艺分不开的。就在这年，吴昌硕先生猝然逝去，享年83岁。在"文革"初期，荀慧生遭受严酷摧残，终于诸病并发，于1968年不幸逝世，仅活了69个春秋，遗憾的是总结他的表演艺术经验的专著，未能留下。吴昌硕与荀慧生这两位艺术师徒，为艺矢志敬业，锲而不舍；为人平易真挚，赤诚相见。他们师徒情深，在我国艺术史中，留下增光添彩的一页。

南昌路上美好记忆

——评弹名家唐耿良、姚荫梅印象

我和评弹名家唐耿良、姚荫梅虽然早已相识，但是，与他们相交、相知，是在我退休以后有较多时间去拜访他们的那段时日。他们同住一条街——南昌路，姚居79号，唐住63号，姚荫梅幽默地告诉我："我和老唐的家很好找，你只要记住：七乘九，七九六十三就不会忘记。"

从此，我常去他们家闲谈，谈他们的艺术人生，聊他们的生活爱好。老唐是擅说《三国》著称的评话名家，姚老以巧演《啼笑因缘》的单档弹词享誉书坛。

我和他们交往日久，感到他们二位有不少共同点。他们比较重视读书研究问题，有一种好学不倦的精神；他们不仅能说会演，而且还会执笔编写评弹作品；他们对评弹书目，不因循守旧，坚持创新发展；他们热爱生活，深入生活，从实际生活中寻求艺术滋养；他们是生活积累的有心人，艺术创造的用心人，描摹角色的细心人，听众朋友的贴心人。

(一)

唐耿良，出生在苏州桃花坞，是个贫穷家庭中长大的苦孩子。但他从小天资聪明，记忆力特强，有人传说，桃花坞是明代姑苏四大才子之一唐伯虎的故里，唐耿良是唐伯虎的后裔。老唐轻笑着告诉我："我除了姓唐外，和唐伯虎'浑身不搭界'。"

唐耿良的父亲虽曾拜师学艺，但早就退出书坛，失去可靠收入，经常以刻骨牌赚点手工钱，难以维持生活。母亲起早摸黑地调丝，收入无几。幼年唐耿良提着篮子去挑野菜，帮母亲烧煮点家常菜。尽管唐耿良天资聪明，读书用心，从桃花坞小学初小毕业，报考善耕高小而且是以优异成绩被录取，可是，父亲无力承担儿子的学费，唐耿良终于辍学。

唐耿良辍学后的1933年，拜唐再良为师，学说评话《三国》，一年后在江浙一带演出。他虽然尚未立足书坛，但乡亲们却把他这位"小先生"当做"大响档"，大家都乐意听他说书。他遇到了一位同样出身贫寒、刻苦学艺、励志成家的好老师，使他终生难忘。老师不但传给他书艺，而且带给他良好的生活作风，教育他每日读报关心社会新闻，使他较早懂得将时事新闻作为说书的"外插花"的资料。老唐说，说书不能凭天赋，更多靠勤奋，而好老师的教诲，这对他以后的思想敏感、善于创作新题材作品，影响极其深远。

唐耿良在江浙码头演出数年之后，已经是小有名气的说书先生。1944年，他23岁来到上海，有三四年，他忙碌于丽都、沧州、新仙林等上海一流书场和电台之间演出，成为蜚声书坛的"七煞档"之一。演出之余，他为了书艺更好提高，思想意识更有进步，1951年成为首批参加上海市人民评弹工作团的18人中的一员。其后好几年，他在演出之余，常年活跃在工厂、农村、部队，体验生活中以切身感受编写了《张积慧》《黄继光》《王崇伦》《王孝和》《冲山之围》《白求恩大夫》《焦裕禄》等中、短篇评弹数十部。他对我说，他在1954年，曾把自编自演反映工人生活的《王崇伦》带到一家工厂去演出，他进厂门受到两千多工人的夹道欢迎，他从未遇到过这样感人的场面，他在台上越说越有劲，工人们在台下越听越有味。那时候一天连说几场还应付不了好多工厂的约请。

唐耿良谈到评话《三国》的魅力，他说，如果从朱春华始创苏州评话《三国》算起，130多年来，评话《三国》可说是听众最多、影响最大、流传最广的作品之一。《三国》的魅力在于几代评话名家对师传脚本进行再创作，去芜存菁，作了大量丰富的补充和发展。这部作品尽管事件复杂，情节曲折，头绪纷繁，结构宏大，但名家们剪裁精细，脉络清楚，布局严谨，重在刻画人物，以情节入理为本，充分发挥评话艺术的功能。

老唐还告诉我说，细节的真实成为评话《三国》中取得感人效果的重要手段。评话《长坂坡》中有这样一段描写：曹操攻取荆州，刘备败走，眷属在乱军中失散。赵云屡次闯入敌阵，救出简雍、糜竺、甘夫人，最后为救糜夫人，赵云冲进敌人之中，忽见路旁有一人手脚全被砍去，奄奄一息，仔细辨认，竟是自己人王德。王德忍住剧痛对赵云说："四将军，我等你多时了，糜夫人就在那边，快去搭救……求你一枪把我刺死，免得活活受罪。"赵云怎忍心杀死王德，王德再三恳求，赵云拔出宝剑掷给王德，含泪前去搭救糜夫人。每次说到这段细节时，全场听众无不为之动容。

唐耿良觉得，说《三国》不能总是按照前辈的师承感到满足，能不能有所发展，有所创新，给说《三国》打开一片新天地。他思考的一个问题，如何把《三国》的"用人之道"与现代企业管理联系起来，使评话转化为企业管理所用，以一种新鲜的内容，生动地用评话艺术形式，寓教育于说故事之中，作一次大胆的尝试，一次较大的突破，一次喜人的改革。

一个偶然的机会，唐耿良从报纸上看到一条消息：日本出现了《三国》热。值得注意的是，日本企业界十分重视研究《三国》，日本松下电器公司企业家松下幸之助就对《三国》很有研究，他把诸葛亮的审时度势、知己知彼的战略战术，运用到企业经营管理中去，从一个小作坊开始，发展到大企业，在世界各地开设29个分厂，他信息灵通，不断推出新产品，他的公司成为世界性的超级企业。

唐耿良意识到，既然日本的企业家能够从《三国》中取得有益的启示，那么，我国的企业家更应该从《三国》中学到有用的东西。他作为一个专说《三国》的评话演员，义不容辞地把《三国》的"用人之道"，向我们的企业家作一番生动形象的介绍。

唐耿良还意识到，企业管理不只是管理财物，还要管理有思想的活生生的人，没有对人的深刻了解，就不可能实现有效的管理。这就是说，企业管理说到底在于使用人才、管理人才。在这一点上，中国古典小说《三国演义》十分高明地指出了发展人才、启用人才的重要性，正好可以作为企业管理的借鉴，给企业家以有益的启示。他开始走访企业家，向企业家请教，同企业家恳谈，收集阅读有关企业家改革创业的事例。他从《三国》故事中选取刘备、孙权、曹操"用人之道"的事例，以及诸葛亮审时度势的战略战术，联系当前企业管理中的实际，借古喻今，谈古论今，穿插比较，机智诙谐。他边说边充实内容，根据不同对象，评说不同事例，情趣盎然，力戒说教，寓教于乐，随机应变，不断丰富。比如，他评说刘备的人才观，一是对人才的诚心，三顾茅庐恳请诸葛亮出山；二是对人才的爱心，刘备宁愿承担最大的牺牲，决定放徐庶出走，徐庶感激刘备对他的仁慈，走马荐贤，使刘备的事业出现根本性的转折；三是对人才的信任，疑人莫用，用人莫疑；四是对人才的明智，刘备识人的本领有时超过诸葛亮，他认为马谡"言过其实，不可大用"，诸葛亮派马谡驻守军事要地，遭致街亭失守。这一切可以归结为，关键在于善于发现人才、使用人才、爱护人才，这一切给企业家以很好的借鉴。

唐耿良的《三国》新说，企业管理与《三国》"联姻"，受到企业家们的赞赏，争取了一部分评弹新听众，为评话《三国》发掘了新内容，扩宽了新路子。

（二）

当我踏进姚荫梅的家门，他递给我清茶一杯，笑脸相迎说："朋友不嫌多，欢迎常来坐。"话题便从《啼笑因缘》说起，姚老说："我演《啼笑因缘》是'逼上梁山'的。"

话说1929年，张恨水的小说《啼笑因缘》在《新闻报·快活林》副刊连载以来，读者反响热烈，接着电影界、文明戏和一些地方戏曲纷纷将它搬上银幕和舞台。弹词响档朱耀祥（他是姚荫梅的老师）和赵稼秋请人将它改编为弹词脚本，演出后风靡书坛。那时候，姚荫梅在朱泾镇说《大红袍》，还没说《啼笑因缘》，他们知道姚荫梅是朱耀祥的学生，想当然地认为姚荫梅一定会说这部新书。因此，当姚荫梅来到朱泾镇憩园书场，只见书牌上写着："姚荫梅日夜弹唱《啼笑因缘》。"

姚荫梅一看，大惊失色，自己从未见过这部新书，这种尴尬局面不知道怎样收场。

书牌既然挂出，书迷们闻讯而来，坚决要求姚荫梅说这部新书。姚荫梅只好如实说，他没有学过，也没有本子。听众拿来朱耀祥演唱的《啼笑因缘弹词》出版本，请姚荫梅照本说唱。听众们如此热切地渴望听这部新书，姚荫梅只好硬着头皮试唱。

姚荫梅照本宣科地说《啼笑因缘》，总觉得很不自在，他原本擅长说表，如今难以临场发挥。他领悟到，要能说好这部新书，必须有新的发挥与创造，要走自己的路。他想到这部新书所反映的生活，是在北京天桥等地方，但是苏州玄妙观里的各种形形色色的卖艺演唱活动，他是熟悉的；对沈凤喜这样的艺人生活和遭遇，他从小就时有所闻；像军阀恶霸这种人摧残女艺人的事情，他也是屡见不鲜。把这些所见所闻经过提炼选择，运用到书中，可以丰富这部新书的内容，增添说唱的色彩。于是，他多方面搜集有关资料，阅读北京风土人情、导游图等书刊，同曾在北京开过小饭店的房东聊天，向熟悉北京的听众求教，搜集西餐馆菜单，了解舞厅情况，凡是这部新书中所涉及的人物、地方、景观，他都要了解。

经过这样边说边改，边改边说，得到了听众的好评，他越说越精彩，声誉远扬，连续流动于城镇书场之间达9年之久。

抗战胜利后，他到了上海，在沧州书场演出这部新书。这时候，上海书场已经有朱耀祥、赵稼秋与范雪君、范雪萍两档《啼笑因缘》

轰动书坛了。姚荫梅鼓足勇气以别开生面方式,说表幽默风趣,描绘世态社会生动逼真,刻画人物鲜明传神,吸引了许多听众,不少书场、电台都来邀请。

我知道姚老的文化程度并不高,但他肯钻研,肯努力,肯锲而不舍地好学进取。他第一次上北京,有好戏他不看,上街闲逛他不去,景点美观他不游,却到天桥、什刹海、居民四合院去观察体验生活,去寻找沈凤喜当年"住"过的类似胡同。他走街串巷,同北京居民聊天,在布篷下喝茶,站街头看各种表演。我想,他说《啼笑因缘》取得成功,决不是偶然的。这样,使我想起唐耿良对我说的一句话:"姚老的小本子中大有文章。"

从1934年开始,姚荫梅在江浙两省和太湖周围城镇演出《啼笑因缘》,日夜两场,每场正书前先得唱一只开篇。当时一般书场上唱的总是几只老开篇,他觉得不能走老路,要另辟蹊径,于是,他每天抽空到街上走走,身带一个小本子,把街头巷尾发生的社会新闻、茶馆趣谈、酒楼新事、新店开张等等所见所闻记录下来,编写成开篇,这种就地取材的新开篇大受听众欢迎。姚老早年抽过香烟,小本子就用香烟壳子拆开叠在一起订成。后来戒烟了,改用每天撕下的日历纸订起来。唐耿良送给姚老一个硬面笔记本,姚老就把小本子上的素材,经过整理抄写在笔记本上。几十年来,他总是小本子随身带,每次出门前,不会忘记先要摸一下小本子可在口袋里面,回家后,把小本子上所记录的素材,分门别类地抄录到笔记本上去。那上面真是五花八门,应有尽有,有方言土话、切口暗语、歇后语句、生意行话、农谚俗语、小贩叫卖等等,连菜馆里中西菜单都抄录下来。姚老说,菜单上也有学问,什么时令烧什么菜,什么地方有特色菜,说书人要处处关心时时学,这叫作:"闲时拿来忙时用,省得饭店里去买葱。"

我还记起唐耿良讲过姚老"巧嘴"艺术的一件往事。

1981年,上海评弹团庆祝建团30周年,在西藏书场演出,特请已经退休的姚荫梅与苏似荫、江文兰三个档说一回《白毛女》选段。按照老规矩,正书以前要唱开篇。原以为由苏、江二位中唱只开篇可以过去,谁知听众鼓掌带喊,非要姚老唱《啼笑因缘》中的著名选曲《旧货摊》(描述旧货摊上陈列的各种货物,反映出当时的市民生活情趣)。这个选曲用"乱鸡啼"曲调"一口干"唱完,姚老年逾古稀,有点力不从心了。但是,他知道推辞不唱辜负听众一片盛情,于是他拿起三弦即兴唱道:

"区区名叫姚荫梅,已经退休勿上台,今朝建团三十载,也要搭听众们来见一见勒会一会,俚末(指苏似荫)勿唱徐元宰,俚末(指江文兰)勿唱三师太,我末樊家树已经变仔奥特曼(Oldman),哪哼还唱得动啥个《旧货摊》……"全场听众欢笑不止,气氛十分活跃热烈。姚老深受感动,起身来不及放下三弦,深深一鞠躬,这是他几十年来真心实意对听众的尊重。

评弹一支笔
——陈灵犀

陈灵犀,广东潮阳人,可他却与苏州评弹结下了不解之缘。

上海刚解放不久,人民广播电台请评弹名家蒋月泉、杨振言拼档播唱《白毛女》开篇,约定每天播唱一篇,一月为期,由于内容新颖,演唱感人,听众赞不绝口。这为期一月的30只开篇《白毛女》的执笔者,就是这位潮阳人陈灵犀。

原来解放前,陈灵犀长期从事报刊编辑工作,担任《社会日报》总编辑。上海解放后,他与平襟亚等组织新评弹作者联合会,并为电台编写连播开篇《白毛女》。

1951年,他任上海人民评弹工作团业务指导委员会成员兼文学组长。

他挚爱评弹艺术,但一直自称是门外汉。他坦诚地对别人说,虽然搞了多年评弹,但是还不能算已经入门了。弹词名家姚荫梅曾经对他说:"你要学会写唱词,首先应当学会唱。"可他既不会哼,更不会唱,所以到老还是一个门外汉。

可是,既要编写评弹作品,他加紧探索、钻研,诚心诚意向传统探宝,向演员求教,向听众请教,以多看、多听、多问来代替唱,一股虚心勤学的韧劲,在边学边写的具体实践中,熟悉苏州的方言俗语,渐渐地掌握了编写评弹的艺术规律和技巧。他为评弹名家徐丽仙写的《六十年代第一春》开篇,徐丽仙要求不受格律的约束,鼓励他自由发挥,他就放胆作了突破旧框框、不合弹词开篇格式的新尝试。他写《晴雯》唱词,其中有一原句是:"岂不要活生生折磨我的雯姑娘。"弹词名家杨振雄把"岂"字改为"怎"字,点石成金,堪称一字之师。

陈灵犀为了写好评弹唱词,曾经和蒋月泉泡在一起。他们有一次在常熟花园书场整理《白蛇传》时,工作相当艰苦。陈灵犀每天写出一回,就由蒋月泉现读脚本、摸曲调,"现炒现卖",即时演唱。可是演出情况并不理想,卖座不好。陈灵犀心里觉得很抱歉,感到怎么对得起蒋月泉,但又想不出话去安慰他。蒋月泉虽然身心疲劳,心里也有苦闷,但是从不怪东怪西,还是很关心陈灵犀,劝他不能泄气,一定会出成就的。要陈灵犀打破框框,不要有什么顾虑、有什么束缚,怎么想就怎么写,更不必考虑到能唱不能唱,写出来就好试唱。就在作者和演员相互鼓励、相互支持下,整理《白蛇传》的工作取得了很大成绩。

蒋月泉和陈灵犀在艺术合作中,建立了莫逆之交。他们两个在一起时,对艺术的见解,可以无所不谈,甚至整日长谈,也可以相对无言,两心相照,既能畅叙,又能默契,已经达到"随便"的可贵境界。

他们十分珍视从工作中凝结的友情,蒋月泉对他们所唱的《庵堂认娘》《厅堂夺子》能够尽情发挥,较深地唱出人物的感情,而和从前的唱有所不同,归功于陈灵犀的唱词写得好,写得深刻,写得动人。

蒋月泉说,写开篇要概括、精炼,不能写得太实,要虚实相乘,要给演员有抒发感情的机会，要打破框框，不变不能有所发展，不破不能推陈，不革不能出新。蒋月泉对艺术钻研，对工作负责，竭尽心力，废寝忘食，刻意求新的进取精神，给陈灵犀以难忘的印象。

三十多年来，陈灵犀整理、改编的长篇弹词有《白蛇传》《玉蜻蜓》《秦香莲》《会计姑娘》；中篇弹词有《林冲》《罗汉钱》《红梅赞》《刘胡兰》《厅堂夺子》等20多部，还有数以百计的开篇，洋洋数百万字，因此被曲艺界赞誉为"评弹一支笔"。

苏州评弹研究会编印丛书《评弹艺术》，持续出版已有好多册。1981年秋天，编辑部约请陈灵犀写编写评弹的体会文章。当时他已年近八十，健康状况不大好，但他尽力而为，不使编辑部失望。

谁知第二年2月1日，陈灵犀竟溘然与世长辞。在他临终前，他嘱咐女儿，把骨灰埋在苏州乡土之中，以后扫墓之日，放点评弹录音，以告慰他于九泉之下。要把他撰写的《编写评弹〈秦香莲〉》的文章，务必寄往苏州评弹研究会。

《评弹艺术》第一集于1982年12月发表了陈灵犀的遗作《编写评弹〈秦香莲〉》。这里节录其中一段，作为对这位执着挚爱评弹的著名编剧的缅怀。

"俗语说：'说书容易种根难'。书之有根，指的就是来龙去脉，种花结果。事情必须交代明白，根由定要讲得着实，使人听了信服，拊掌称善，才能拉得住听众客。老艺人为了种好根，不知要呕出多少心血，原因便是要说好书，必须种好根。《秦香莲》书中有只根子，我是从兄弟剧种的同名剧中学习到的。但是在原剧中都是一笔带过，没有发挥它应能起的作用。这个根便是陈世美中了进士之后，写给秦香莲的一封家书。我在这封信上，却不敢轻易放过，做了一点文章。这封信是陈世美对秦香莲的结发恩情发生突变的转折点，也是陈世美人兽之分的紧要关头。所以尽让陈世美在这封信上倾吐了秦香莲与他的山盟海誓情深爱笃，正好成为后面他的忘恩负义的自供状或认罪书。本来秦香莲要控告陈世美的抛妻弃子，也很难找到人证、物证；即使秦香莲能够提出证据，在炙手可热、一手遮天的皇亲国戚权势压迫下，还不是只好任人为所欲为，任他们宰割么？现在有了这封驸马爷的亲笔信，铁证如山，还有什么可以狡辩抵赖的呢？陈世美这封信，随手塞在身上旧棉衣里，由于当时拜宗师、会同年，忙得骨头没有四两重，哪里会想到身上旧棉衣里还有一封写给糟糠妻的家信还没曾送出去呢。这也是表明陈世美这个负心汉已经开始在转变了。当他穿上新紫袍，丢下破棉袄时，就连这封甜津津的家书也都抛到脑后，终于落到秦香莲手里了。如果秦香莲拿不到这封信，虽以王延龄、包希仁之明察秋毫，执法无私，也是不能于法无据，强加人罪的。这封信后来在开封府大堂起了关键性的作用；陈世美所最惧怕的不是秦香莲的状告，也不畏包公的铁面无私，却是自己授人以柄，作茧自缚，别说杀妻灭子，依律当斩；单是停妻再娶，招赘皇宫，欺君之罪已罪该万死了。"

朱雪琴的"琴调"和贴心三弦

1994年初秋，苏州，我去参加评弹艺术深化改革研讨会。一天，从上海传来消息：弹词名家朱雪琴不幸去世。会上苏州弹词名家侯莉君失声痛哭："阿姐阿姐，走得实梗快啊……"

在上海愚园路上的一个小区，我和朱雪琴是邻居，同住一个楼层，她居201室，我在204室。她身患绝症，开过三次大刀，可是，数十年来经历风风雨雨，铸成她开朗、豪爽、直率、乐观、不向困难低头、不为病魔所屈的性格。青年演员登门求教，她的学生前来学艺，书场经理联系业务，她都热情接待，从不谢绝。

我多次听她说书谈艺，给我留下难忘印象：她，豁达乐观，笑谈人生，未见其人，早闻其声，是个富有个性特点的艺术家。她所独创的"琴调"的艺术特色：明快豪爽、阳刚大气、酣畅淋漓、声情并茂，正和她的性格相吻合。

她，本姓吴，她的童年和一般女孩子可不一样，喜欢与男小孩滚爬摔打、吵吵嚷嚷打成一片。她在父母眼里，是个坐不住、站不停的"野小囡"。可一到晚上，她听故事入迷，到书场双手托着下巴全神贯注地听。她听常熟弹词艺人朱蓉舫、朱美英夫妇的长篇《双金锭》《描金凤》，这个天天来听"蹴壁书"的小姑娘，深受他们夫妇俩的喜爱。打听到小姑娘的父母生活困苦，子女又多，而朱蓉舫夫妇又少子女，小姑娘就成了朱蓉航的养女。她8岁离家，从此改姓朱，随养父母辗转在江浙小城镇，开始了漂泊不定的学艺、卖艺生活。一年以后，她以"九岁红"艺名登台弹唱开篇。

有一天，朱蓉舫夫妇正在常熟说《珍珠塔》，忽然接到福山发来电报：老父急病速归。不去，老母一人难以照顾；去吧，书场无人接书，因此老板急得跳脚。朱雪琴劝养父母快动身，向老板表示，她可以代书，条件是老板每晚得读本子给她听。老板将信将疑，读一回《珍珠塔》本子，朱雪琴边听边强记，再读一遍，帮助她加强记忆，觉得有把握了，她告诉老板挂牌开书。第二天日场，她手抱琵琶上台（当时弦子尚未学会），场子里人头攒动，议论纷纷。她不慌不忙，小手抱拳一拱说道："我爷娘探望我家祖父去了，老板要我来代书，我从来没有说过书，只好炒爷娘冷饭，昨天夜里刚刚把本子记熟，现炒现卖，说得不好，请各位老听客看我年纪小，原谅点……"

这段开场白从一个11岁小姑娘嘴里说出来，引起全场听众哄堂大笑。她先唱两只开篇，接下来说一回《方卿过江》。听众们觉得她年纪虽小，老嘎兮兮，倒也讨人喜欢。一回书说完，掌声满堂，一连五天，每天日夜两场，夜场下来，还要听读本子，虽然十分辛苦，但是业务很好。一周后，养父母回来，一听，边笑边说："侬这个小囡，胆子瞎大。"

1934年，11岁的朱雪琴走上书坛，开始艺术生涯。初上书台，她先是跟叔父朱云天拼档，说的是长篇《白蛇传》，后来改和养父朱蓉舫拼档，说《双金锭》，这两部长篇是她的出科书。

朱雪琴和养父拼档在江浙中小码头上辗转说了几年，稍有了点名气。养父对她的学艺抓得很紧，管得很严。他时常教导她："一个艺人要想在台上站得住脚，一定得有自己特有的东西。如果在台上仅仅专门学唱别人的腔调，不可能成为有出息的艺人。"他还告诫她："女艺人到了台上绝不可脂粉气太重。"养父这些话朱雪琴时刻记在心里，督促鞭策着她。

1946年的上海，在朱雪琴的眼里，它是使人向往的天堂，江浙一带的评弹响档，以"要在上海立住脚"，作为实现自己的夙愿。有的如愿以偿，名扬上海滩；可有的不堪激烈竞争，败退申城。那年，朱雪琴22岁，随养父提心吊胆地进入上海，在汇泉楼书场说《双金锭》。初进大城市，她在台上更是留神和卖力。她平素很喜爱看京剧，对戏中的周瑜、陆文龙等雉尾生更感兴趣。看了戏后她学着小生的台步、身段，练熟了，她就试着将雉尾等动作运用到书中主角龙梦金身上，她认为，同是武小生，可以互相借鉴，使舞台形象更为英俊威武。当时一般女艺人在台上都比较拘束，听众见她有说有演，称赞口碑渐渐增添，初进上海就此打响。

就在汇泉楼书场演出的一天，当书情发展到十三太保龙梦金新春赶往姑苏，想去监牢探望未婚妻王月金小姐时，有一档龙梦金骑马在途中的内心独白唱篇，朱雪琴运用爽朗的沈（俭安）调演唱，沈调的下句唱腔第三、第四字应当是下行，可她却一时兴起，竟唱成上行翻高，而且高出三度音，一旦出口，字音如箭，欲收不及，当时她只得设法补救，用且顿且降的方法勉强把下句唱毕，一阵悦耳新腔滚滚而出，谁知余音未绝，掌声四起，她感到有点迷惑不解，几乎是一句唱豁边的腔调，怎么会受到欢迎？第二天报纸上有人写文章称赞说：这是"悦耳的'琴调'"。

对"琴调",不仅听众有不同看法,道中也有争议,有的说它"怪",有的说它"野",而热心的听众,理解的道中,热情地肯定它,赞赏它。朱雪琴不灰心,不气馁,她坚信:只要听众欢迎,能够接受,只要自己唱得越起劲,相信越唱越熟,熟能生巧。

当时,书坛上从来是男演员当上手,女演员注定当下手,主角总是男上手,女下手只当配角。这个老规矩、老格局能不能打破?朱雪琴反复思考:难道女演员不能当上手、唱主角?她想到总有一天要与养父拆档,可能会有困难,但拆档后不受养父拘束,书艺上可以自由发挥。她先与曹醉仙拼成女双档,她翻上手,学会弹弦子,不畏缩,不自卑,台下苦学勤练,上台反复实践。不久,又收朱雪吟为学生,拼成师徒档,"琴调"由第一句发展到二句、十句……艺术风格由模糊发展到逐渐鲜明,经过五年左右的实践,"琴调"得到了越来越多的听众和道中的承认,她为弹词女艺人中第一个创立流派唱腔,迈出了重要的一步。

朱雪琴很有感触地认为,"琴调"虽然形成于解放前,但是,它的进一步发展、提高与完整,是在新中国成立以后,特别是1956年,她参加上海市人民评弹团后,思想上、文化上得到提高,书艺有了较大发展,"琴调"是在"马调"(马如飞)、"沈薛调"(沈俭安、薛筱卿)的基础上,创造了与她明朗豪爽的性格相吻合的气势磅礴、旋律起伏、节奏明快跳跃、大起大落、叠句一气呵成的富于阳刚之气的唱腔流派。如果说它"怪",它的"怪"就在于别具一格,独领风骚;若说它"野",那就"野"在响弹高唱,琴韵阳刚。

朱雪琴深有感慨地说,她在开创弹词流派"琴调"的发展、完整、成熟过程中,不能抹煞她的拼档、甘当男下手的弹词名家郭彬卿的功劳,还有她从 14 岁起一直陪伴着她的那把香红木旧弦子。郭彬卿曾从茅雨庵学琵琶,后来师从弹词名家薛筱卿,琵琶弹得十分出色。1950年,与朱雪琴拼档,郭彬卿任下手,朱郭档刚柔并济,配合默契,长期演唱《梁祝》与《琵琶记》。郭彬卿所唱"薛调",清脆爽利,咬字清晰,他的琵琶铿锵遒劲,婉转流丽,点子清,力度足,音色亮,旋律美,又吸收民乐技法,为弹词琵琶增加了和弦、长抡及绞弦等多种手法,对"沈薛调"伴奏音乐有所发展。在和朱雪琴拼档合作期间,他能按照朱雪琴的嗓音高低、情绪好坏、感情起伏,用琵琶弹奏加以烘托、掩饰和美化。在他们多年的演唱实践中,由于配合默契,得心应手,当朱雪琴在换气的一瞬间,郭彬卿弹奏极短的过门,妥善接奏;如果朱雪琴演唱突然急停,他的琵琶绝不漏出半个音来;倘若朱雪琴在演唱中夹有简短说表、表白,他就以弹奏过门不断,声如流泉,给听众以浑然一体的感受。朱雪琴唱得舒展,郭彬卿"托"得严谨,绿叶扶红花,相映显光辉。他们学艺刻苦,坚持利用演出空隙时间,弹乐器,练唱段,密切配合,流光溢彩,成为享誉江浙沪书坛的响档,使"琴调"发展达到了新高度。可是,在十年浩劫中,郭彬卿不幸去世,这对"琴调"的进一步发展,是难以弥补的损失。

朱雪琴早年与养父拼档当下手,弹的是琵琶,她唱篇子,用的是琵琶。当养父出去时,她偷偷地学弹弦子,弹的是养父用低价买来的香红木三弦。后来,父女拆档,养父将这把三弦传给她,从此,她不仅在唱腔上下功夫,在弦子弹奏上认真探索,整天手不离弦。她记得曾看过一部无声电影,影片中为了突出汽车从山上翻滚下来的镜头,用"得仓……"的连续声来配音,很有特色,印象很深。她就"拿过来"融化在她弹奏轻松跳跃的过门中,经过反复试练,逐渐形成超下把位的过门演奏。在演奏中,她左手上下滑动,以增强书情发展时的气氛。她唱开篇《潇湘夜雨》,竭力表现作品的处境,表达出特定的气氛与神韵,弹奏中不使演唱下沉,尽量衬托出"静悄悄,静坐湘妃榻;软绵绵,软靠象牙床;暗淡淡,一盏垂泪烛;冷冰冰,半杯煎药汤"的人物神态。在现代中篇弹词《芦苇青青》的选曲《游水出冲山》中,朱雪琴演唱副班长顾春林与战士府阿全冒险游水出冲山,向薛司令报告军情这段书,以高昂激越的感情,唱出"湖阔、水深、风急、浪大,任务难完成"的紧张气氛。

这把普通香红木的旧弦子,从朱雪琴13岁开始,一直伴着她到处演唱,从常熟小城镇,到繁华的大上海。她进了上海人民评弹团,弦子不少,但她还是觉得弹这把旧弦子顺手。有一次,她到上海锅炉厂去演出,路上不小心,摔断了弦柄,她请人把断柄镶接起来,继续使用。十年动乱期间,她把旧弦子隐藏起来,未遭厄运。动乱过去,她取出隐藏多年的弦子,信手弹来,音色如故。后来,她发现弦子的背面蛇皮破裂,她衬上一张纸,外面用花布包扎起来,经过一番"改造",弹拨几声,依然悦耳动听。苏州市戏曲博物馆希望她把旧弦子送去展览保存,她说:"现在还用得着它,等将来再说吧。"那年7月11日,在"朱雪琴舞台生涯60年"纪念演出时,她和弹词名家薛惠君拼档,演唱《方卿见娘》选回,她用的还是这把与她相伴数十年爱不释手的旧弦子。

永远难忘那年,当我从苏州参加评弹艺术深化改革研讨会后,回到上海家中,立即走进朱雪琴的家门,我一眼看到那把用花布包扎的旧三弦,静静地安放在朱雪琴的灵堂前,它似在轻微饮泣,又像在低声诉说,主人虽然仙逝,但是"琴调"永留人间。

新中国第一代演出家蒋柯夫

蒋柯夫，抗战时期演剧七队的成员，新中国剧社的理事，新中国第一代有影响的演出家。夏衍同志曾这样称赞柯夫："吃苦耐劳，办事周到，人缘极好。"刘厚生同志印象中的蒋柯夫："长期做剧场管理工作的老黄牛。"

我和柯夫同志在市文化局共事多年，在我眼里，他是戏剧界老前辈，是诚恳待人的文化长者。常见他双手背在腰间，缓步行走，像是在思考问题似的，当见到熟人，便笑脸相迎。他是一个朴实、随和、勤恳而幽默的好人。

蒋柯夫出身工人家庭，1913年8月在上海出生。因为家境穷困，他13岁辍学后，当过学徒、职员、小学教师。在艰难的岁月中，他遭受过失业的痛苦，忍受过饥饿的熬煎。后来，他参加"读书会""救国会"，接受了进步思想，改变人生观，振奋精神，立志闯出一条生路，告别忍饥挨饿的苦难生活。

1937年，抗战全面爆发，他奋起投身抗日救亡运动，参加上海文化界救亡协会"八一三"歌咏队，他担任队长，率领全队离上海，经武汉，奉命到广州从事抗日宣传活动，得到夏衍、茅盾、冼星海等同志的支持。广州沦陷前夕,歌咏队撤到柳州、桂林,经夏衍同志介绍,参加由周恩来同志亲自组建的14个团队之———抗敌宣传一队(后改名演剧七队)工作。

1941年皖南事变后,国民党发动第二次反共高潮,桂林风云突变。杜宣同志接受中共中央南方局的指示,临危受命创建新中国剧社。杜宣、瞿白音、汪巩等任剧社领导,田汉、欧阳予倩、李健吾等先后参与剧社工作。许多影剧界的知名人士都曾参与剧社的演出活动。蒋柯夫担任理事,瞿白音任理事长。新中国剧社在政治经济双重压迫下,在日寇轰炸的追逐下,在极端困难的情况下,得到了周恩来同志的亲切关怀,以及文艺界前辈、进步人士多方支持和帮助,转战数千里,演出《钦差大臣》《蜕变》《黄白丹青》(洪深编剧)、《海国英雄》(阿英编剧)、《复活》(夏衍改编)、《英雄的插曲》(杜宣编剧)、《秋声赋》(田汉编剧)、《重庆24小时》(沈浮编剧)等50多部话剧。其间,蒋柯夫担负着剧社繁重任务,无论在何种危险情况下,从不畏惧,面对任何困难,从不退缩。

1944年1月,新中国剧社返回桂林,参加西南第一届戏剧展览会,演出《戏剧春秋》(于伶编剧)和《大雷雨》。蒋柯夫为大会招待部主任。在缺少经费、条件很差的情况下,他为了安排好各省30多个团队、900多人的生活和做好60多台戏、历时三个月、演出170多场的工作,竭尽全力,稳妥周到,受到了大会和各地团队的好评。

抗战胜利后,1946年,新中国剧社从昆明搭难民车,历经千辛万苦回到上海。在贵州途中由于国民党特务破坏,发生霸陵桥翻车事故,造成人员伤亡。蒋柯夫身为总领队,连夜组织救护工作,他除积极救助剧社同志外,还对其他同车难民也一样救护,一视同仁,受到大家的赞佩。新中国剧社历时7年多，蒋柯夫始终如一为剧社事业作出了积极贡献。直到1947年年底，上海党的地下文委，根据当时的形势，为了保存力量，迎接解放，分散隐蔽，决定解散新中国剧社。

蒋柯夫终于盼到了上海解放这一天，他满心喜悦地接受上海市军管会文艺处和夏衍同志的委派，参与接管影剧场的工作。他先后接管国际电影院、皇后大戏院（今和平电影院），担任经理。后又参加影院剧场公私合营工作，担任南京大戏院（今上海音乐厅）、美琪大戏院的公方代表。同时，他被聘为上海剧专（后改名中央戏剧学院华东分院）舞美系教授。

蒋柯夫在长期戏剧演出服务工作中，他既顾前台，又管后台，特别是在舞台音响效果的创造革新方面，摸索出一套经验，积累了一批成果，受到当时剧社同志们的一致赞赏，声名传播以后，被称誉为"效果大王"。遗憾的是，这一套经验与成果，由于他长期以来工作繁忙，一直没有时间把成果形成文章流传下来。每当想起这件事，总感到十分无奈与惋惜。

蒋柯夫是1953年7月调入上海市文化局工作的，先在剧场管理科任职。1958年文化局成立演出处，他一直主持演出处工作，直到1985年离休。

演出处是文化局工作比较繁忙的职能处室，除大量安排本市各剧团、剧场的演出调度以外，还要安排各省市来沪演出剧团的调度，特别是北京的北京京剧团马（连良）、谭（富英）、张（君秋）、裘（盛戎）、北京人艺、中国青艺等院团来沪公演，更需要做好安排，还有接待外国艺术团体来沪演出，头绪纷繁，必须做到调度有序。除此之外，中央在上海开会以及中央领导同志来上海时，临时组织内部观摩晚会，这都是演出处的日常工作。蒋柯夫在演出处长期工作期间，积极做好剧团、剧场的纽带工作，对全国各地剧团来沪，无论远近、大小，都能热情接待，诚恳相待，极重信誉，帮助解决困难，受到各地文化演出部门的赞誉。在50年代和80年代初，他两次组织研究制定了一系列演出管理办法。党的十一届三中全会以后，他先后发起和组织召开江、浙、沪演出协作会议和华东六省一市演出协作会议，在全国率先为疏通演出渠道创造了经验，受到文化部的重视。

每到节假日，蒋柯夫和演出处同志的工作显得特别忙碌。长期以来，他为繁荣上海文艺舞台，开拓上海与全国各地的文化艺术交流，为加强演出管理、丰富上海人民的文化生活，不遗余力、任劳任怨地忙碌，他不愧为新中国第一代有影响的演出家。

蒋柯夫离休以后，仍以满腔热情为筹建中国演出家协会和上海演出家协会操心。他分别担任上述协会的名誉理事和顾问。他应邀担任上海经济区金三角演出（集团）公司顾问，为培养人才奉献余热。

蒋柯夫有一副关心人、帮助人的热心肠。我有贴心的感受，他对我的热情关爱，使我从危重疾病中获得新的生命，这是一件永志难忘的往事。

1989年9月7日深夜，我突然咯血不止，急送华山医院救治。经过几天检查，医生说是肺癌，需要转胸科医院做切除左肺手术。

当时，组织上和家人都瞒着我，似乎非去胸科医院不可了。蒋柯夫在默默地为我想办法，是不是还有别的治疗办法？他建议我到龙华医院找中医肿瘤专家刘嘉湘去诊治，同时到市第一肺结核防治院找专家看看，中西医会诊再确定下一步治疗方案。

我在蒋柯夫的联系下，请刘嘉湘和姜秀兰两位专家会诊，一边服中药，一边由姜医生做检查。一个多月后，最后姜医生给我做气管镜检查，这一天我的家人和文化局的一些同志都到医院等检查的结果，蒋柯夫不顾年事已高，也特地赶来。

姜医生检查完毕，告诉我是支气管扩张引起咯血，留下一小块瘀血在左肺内，被疑为肺癌。我清楚地记得，当做完气管镜，姜医生把我扶起身子，说："你呀，没事了，解放了。"

当我走出检查室，等在室外的同志们都向我祝贺庆幸，柯夫同志叮嘱我："现在，最要紧的是养好身体，过好晚年健康愉快的每一天。"

蒋柯夫，就是这样一位真心实意关心人、帮助人、心存厚道、从不炫耀自己的好同志。

蒋柯夫又是个相当幽默风趣的人。

1993年，他80寿辰，一家人欢聚一堂，在家里为他祝寿，他的夫人做了几个菜，子女们送给老爸一些寿礼，这个晚上一家人气氛暖融融的，十分亲和温馨。可是，蒋柯夫还是穿平时常穿的衣服，子女们有意见了："爸，今天是喜庆的日子，吃寿面、喝寿酒、送寿礼，你应该穿寿衣啊……"

蒋柯夫心里明白，子女们是好意，但他们不知道寿衣是什么时候穿的，他笑着说："今天穿这身衣服最舒服，寿衣么，需要的时候再穿。"说完，他举起酒杯："老爸活到80岁，不容易，来，为我们全家的幸福，特别是为你们的妈妈，德高望重、劳苦功高、家里的'老首长'，干杯！"

蒋柯夫为什么戏称他的夫人为"老首长"？原来夫人的大名叫陈云。

赞扬陈荣兰

在戏剧界，尤其是在沪剧界，提起陈荣兰，谁都会称道她、赞扬她。但是，人们为她在"文革"中身心受到残酷迫害而叹息，更为她在1973年11月27日去参加一次会议的途中，不幸遭遇车祸而身亡感到莫大的悲痛和惋惜。她只活了44个年头，英年早逝。她还可以为祖国戏曲艺术事业作出更多更大的贡献，她还有许多别人没有想到的戏曲改革发展的构想未能实现；她是一个忘我工作始终向前看的勇敢者；她也是一个有信仰、有作为、有胆识的革新者。

陈荣兰，她在人民解放军20军文工团里用的名字是熊兰，是个能唱、能演戏的好演员。她在歌剧《白毛女》中主演喜儿，人人都喜欢。后来，她随部队参加抗美援朝战争，1953年9月，她转业到上海，被派到上海市人民沪剧团工作，她被任命为沪剧团的团领导兼党支部书记。

一个原在部队搞文艺工作的人，转业到地方上，又是在搞地方戏曲工作，一般人往往会感觉难以适应，有的人还可能会思想上有障碍而闹点情绪。

可是，陈荣兰和一般人不同，她一上任，就想方设法和沪剧团的同志们打成一片，她善于与群众相处，诚心诚意向群众学习的作风，很快使沪剧团的同志们感到她不是外人，她是一个没有架子，一心想把工作搞好的好领导。因此，她被沪剧团的同志们看作自己人，受到大家的信任。

陈荣兰为了按照艺术规律领导好创作和演出，她虚心拜前辈艺人为师，并且向剧团里的编剧、导演、演员、作曲、舞美等创作人员请教，掌握沪剧创作演出的运作情况。

陈荣兰懂得要搞好剧团，应当抓好三项主要工作：剧目创作、演出质量、培养青年演员。在她主持沪剧团工作13年中，她积极贯彻执行党的文艺方针政策，尊重知识分子，团结艺人，积极建立以创作为中心的管理制度，精心组织剧目创作。

她亲自参加了沪剧《金黛莱》的导演团，为这个戏的表演出谋划策。

她又是沪剧《母亲》《战士在故乡》《星星之火》《鸡毛飞上天》《芦荡火种》等反映时代精神的优秀剧目的参加者和组织者。

这一大批反映现实生活的好戏，她都着力地支持和推动。她不仅仅停留在精神上的支持，而且在《鸡毛飞上天》中担任角色，具体参与创作演出的实践，以便更好地掌握领导剧目创作与表演艺术的本领，得到更多的沪剧艺术规律与知识。

她主动推荐题材，因为她曾在1944年6月参加新四军，了解当时斗争的艰难历程。她想到沙家浜新四军伤员在芦苇荡与敌伪军斗争的故事，带领创作人员到新四军老首长那里，了解过去斗争的事迹，同时进行采访，成功地创作演出了深受观众喜爱、久演不衰的《芦荡火种》。

她坚持沪剧应当积极反映现实生活，创作演出歌颂社会主义建设的新剧目，经过不断修改加工，边演边提高，努力多搞出几个优秀保留剧目。

她还倡议上海六个主要沪剧团联合演出以扩大沪剧的影响，争取更多的观众。她这个倡议不是灵机一动想出来的，而是她看到京剧、越剧常常举办剧团、名演员的联合演出。越剧十姐妹联合演出《山河恋》，京剧名角合演《龙凤呈祥》，往往引起社会上的轰动，使广大观众久久难忘，而且剧种演员的表演艺术也得到了提高。那么，沪剧界有这么多剧团，又有那么多好演员，为什么不搞联合演出呢？

这个倡议，得到了六个沪剧团的积极响应，他们是人民沪剧团、艺华沪剧团、勤艺沪剧团、努力沪剧团、长江沪剧团、爱华沪剧团。

那么演什么剧目呢？要重新创作，一时间来不及。大家想到曾经演出过的曹禺先生的《雷雨》改编的沪剧，一致同意，立即投入排演。乐队以人民沪剧团为主，经过一段时间的排练，终于在1959年7月27日至31日，联合在人民大舞台演出了由宗华改编的《雷雨》。演员的阵容是：丁是娥（繁漪）、解洪元（周朴园）、王盘声（周萍）、袁滨忠（周冲）、石筱英和小筱月珍（鲁妈）、赵云鸣（鲁贵）、杨飞飞和筱爱琴（四凤）、邵滨孙（鲁大海）。由蓝流导演。演出盛况空前，成为沪剧演出史上的一件大事。这次联合演出又是一次沪剧主要唱腔流派的集中展示，各显其能，精彩纷呈，成为广大沪剧观众一次难得的欣赏机会，至今提起这次联合演出，仍为沪剧界和观众所津津乐道。

由于沪剧界联合演出《雷雨》获得成功，于是在1961年4月1日至2日，由人民沪剧团和陈荣兰发起，中国戏剧家协会上海分会支持，沪剧界各兄弟剧团共同参加，在美琪大戏院举办沪剧流派演唱会。参加演唱会的演员有：王筱新、施春轩、汪秀英、小筱月珍、顾月珍、王雅琴、凌爱珍、石筱英、丁是娥、杨飞飞、许帼华、解洪元、王盘声、赵春芳、邵滨孙、沈仁伟、筱爱琴。乐师有：谈金根、沈开文、周根生、朱介生。

演出程序：

《星星之火·启发杨桂英》与《唐寿哭少爷》(邵滨孙)、《借黄糠·放水墩》(解洪元)、《母与子·放水墩》(顾月珍)、《家·洞房》(杨飞飞、赵春芳)、《女看灯》(凌爱珍)、《冰娘惨史·飞尸告状》(小筱月珍)、《星星之火·隔墙对唱》(筱爱琴、许帼华、沈仁伟)、《战士在故乡·思表哥》(筱爱琴)、《刘知远敲更》(王盘声)、《黄浦怒潮·夫妻对唱·写信》(王盘声、王雅琴)、《大雷雨·怨丈夫》(石筱英)、《朱小天·十八押》(筱文滨)、《陆雅臣·求岳母》(施春轩)、《游码头》(王筱新)、《甲午海战·祭海》(丁是娥)。

这又是一次更为盛大的、而且流派更加广泛的演唱会，引起强烈的反响。作曲家刘如曾发表了题为《善于继承，敢于发展——沪剧流派演唱会赞》的文章，赞赏演唱会的精彩成功。《上海戏剧》杂志1961年第4期上，也发表了丁是娥《从流派会演联想到沪剧艺术风格诸问题》以及周小燕的《人声中有弦音，弦音中有人声——兼谈对沪剧发声方法的一点意见》的文章。

陈荣兰又倡议，由人民沪剧团与艺华沪剧团合作，在美琪大戏院演出根据同名评剧改编移植的《金沙江畔》，获得好评。后来又到杭州等地巡回演出，受到外地观众的赞赏。陈荣兰又把这出戏送到解放军20军部队，为广大战士作慰问演出。

1961年7月1日，上海人民广播电台举办沪剧界联合广播会，庆祝党的生日。广播会结束后，人民沪剧团由陈荣兰带领，赴湖州 20 军所属部队进行慰问，部分演员下连队当兵，体验解放军的连队生活。

1964 年 12 月 22 日，由陈荣兰率领的人民沪剧团去北京演出《芦荡火种》，这是应中共北京市委的邀请而去演出的。1965 年 1 月 9 日，中国剧协和北京分会为《芦荡火种》在京演出，联合组织专题座谈会，与会者热情赞扬上海人民沪剧团在反映社会主义革命和建设火热生活的创作演出中取得的成绩和经验。文化部周巍峙说："沪剧团四次来北京演出，一次比一次进步。"

1 月 11 日，《芦荡火种》慰问驻京部队，萧华、彭绍辉、刘志坚等三总部首长观看演出，并上台和全体演职员见面。

1 月 23 日，刘少奇、李先念、薄一波、张鼎丞、罗瑞卿等党和国家领导人观看了《芦荡火种》演出，并和全体演职员合影留念。

《芦荡火种》剧组回到上海后，在美琪大戏院继续公演，连续满座达 9 个月之久。

我认识陈荣兰同志是在 1949 年 6 月 29 日那天晚上。

那时候，上海解放不久，军管会文艺处主办演出晚会，由第三野战军第九兵团 20 军文工团，在解放剧场（原文化会堂）首演歌剧《白毛女》。那天饰演喜儿的就是陈荣兰，给我留下很深的印象，这一面之缘，记下了陈荣兰这个名字。当时我是第九兵团文工团的成员。虽说我们同在九兵团，可我是第一次发现九兵团 20 军文工团里有这么优秀的演员。

真没想到四年后，她转业到上海市文化局所属的人民沪剧团工作，而我稍稍比她早些时候转业到市文化局戏改处工作，这样，我们才算是真正认识。

陈荣兰是位经过部队艰苦锻炼的优秀文艺战士。她性格爽直，敢说敢干，在她身上蕴藏着一股像是永远使不完的闯劲，她对工作能够开动脑筋，富于创新精神，但她又善于团结群众，真诚合作，有毅力，有勇气，有办法，认定目标，下决心一定要把事情办好。

在我们搞戏改工作的干部队伍中，像陈荣兰同志这样的干部，是并不多见的，因而显示出她的更加优秀的思想作风和优秀素质。老天爷多么不公！这样优秀的干部，为什么只给她44个春秋的生命？

抗战激情大演出
——记蓬莱大戏院

在上海众多的剧场中，有的场子较小，座位不多，而且偏离市中心。但是，有的小剧场举行过重大演出，轰动一时，留下"小剧场，大演出"的美名。

上海蓬莱大戏院就是这样一个剧场。

它坐落在学前街111号，最初为无锡人匡仲谋创办蓬莱国货市场时，增设的一个游乐说唱场。1932年1月改演京剧，取名天然舞台，不久改名新舞台，由京剧和绍兴大班在这里演出，后来定名为蓬莱大戏院。

1937年7月7日卢沟桥一声炮响，揭开了中国人民全面抗战的序幕，上海文艺界在党的地下组织领导下，发动了声势浩大的文艺宣传活动，经过较短时间的准备，大家团结一心，敌忾同仇，就在蓬莱大戏院只能容纳五六百人的剧场演出了三幕话剧《保卫卢沟桥》，从此声名远扬。

1937年7月，上海影剧界人士积极投身抗日救亡运动，中国剧作者协会、上海剧院联演会等以最快的速度，集体创作排演三幕剧《保卫卢沟桥》。由崔嵬、张季纯、马彦祥、阿英、于伶、宋之的等组成导演团；由徐韬、刘斐章和欧阳山尊，动员当时上海歌剧团和电影公司的主要演员如：赵丹、金山、王为一、崔嵬、王人美、王莹、周璇、吴茵、丁里、田太宣、唐若青、顾而已、陈天国等近百人担任这出戏的演员和剧务工作。

1937年8月7日，这次被称为"全市上海剧人总动员"的大演出，在蓬莱大戏院公演。当时选择在中国地界演出是因为这里有较好的民众基础，还因为蓬莱大戏院的业主匡仲谋，是一位爱国的民族资本家，他的儿子正是蓬莱大戏院的经理，他们父子不怕风险，承担了这次抗战戏剧的演出任务。

这次演出有100多位演职人员，他们怀着满腔爱国热情，不讲待遇、不计条件、不求名利、不避艰险，有什么工作就干什么工作，有的没有参与演戏的人员组成纠察队，在戏院内外维持秩序，有的在幕后伴唱。当时的报纸上刊登大幅宣传广告，加上演员们的宣传鼓动，告诉观众说，看了戏"使你精神奋发，使你热血沸腾，使你敌忾同仇，使你决心抗战"。当时并没有组织观众也没有团体包场，原定每天演出日夜两场，共演出四天，可各界观众来信纷纷要求加演。

8月13日那天，为了满足观众要求，并且欢迎刚归国的郭沫若和慰问沈钧儒、邹韬奋、李公朴、章乃器、王造时、沙千里、史良等"七君子"出狱，加演了专场。据蓬莱大戏院老职工沈洪生回忆，当时剧场里挤得水泄不通，演到第三幕时，扮演连长的崔嵬和战士一起高呼："……守土抗战，谁说我们不应该！"这时，只见郭沫若、沈钧儒等和观众一道站起身来，振臂高呼："枪口一致对外！""反对投降主义！"口号响彻全场。接着，赵丹、周璇、王人美、吴茵等扮演的"学生慰问队"出场,和战士们高唱《保卫卢沟桥》。

当第三幕快要结束时,剧场外远处传来震耳的炮声,战火终于烧到了上海,这一天正是"八一三"。

如果说,七七卢沟桥事变,揭开了全面抗战的序幕;那么,"八一三"晚上淞沪抗战打响,上海文艺战线的勇士们在蓬莱大戏院的舞台上,则吹响了全面抗战的号角,《保卫卢沟桥》气势磅礴、慷慨激昂,展现了中华民族誓与日本侵略者决战到底的精神,这也是抗战全面爆发后第一个反映抗战的话剧剧本。

天蟾舞台风景独好

早年的上海，专演京剧，也最受人们关注的剧场首推天蟾舞台。据传有个说法："不进天蟾，算不得好角儿。"

1926年，上海闹市中心、有名的文化街福州路上建起一座圆形建筑，这个舞台凸出半圆形大台唇，伸向观众席，观众厅三层，有3500多座位，呈扇形的很有特色的剧场，当时称作大新舞台。到了1930年，原在九江路的俗称老天蟾舞台，因属年久失修的房屋被拆除，迁到福州路与大新舞台合并，改名为天蟾舞台，直到1942年，由顾竹轩掌管达十余年之久。

在那个年月中，天蟾舞台是上海最大的剧场，设备条件比较好，舞台新颖别致，座位又多，凭借这些优势，常常为戏曲界包括外地的同行十分看好，争相以到天蟾舞台演出为荣，认为是个专演京剧的比较理想的剧场，场方也以邀请各地名角（首选是北京的）演出为主攻目标。

1933年，梅兰芳从北京举家南迁，暂时寄居在上海沧州饭店，那正是"九一八"事变以后，梅兰芳计划编演一出有抗敌意义的新戏，以激励中国人民奋起反抗的信心。经过三个月的酝酿，决定以改编梁红玉的故事为基础,集体编写的《抗金兵》终于完成。首演就在天蟾舞台。看看演员阵容,整齐精彩,梅兰芳的梁红玉、林树森的韩世忠、姜妙香的周邦彦、金少山的牛皋、萧长华的朱贵、刘连荣的金兀术、王少亭的岳飞。观众兴高采烈,演出大受欢迎。当梁红玉登台点将,擂鼓助威,帮助丈夫韩世忠打败金兵,大长人民志气,大唱抗敌赞歌。

从此以后,各地京剧名角纷纷应邀来天蟾舞台演出,上海观众的心目中形成一种观念:要看名角,非到天蟾不可。那个年月,每当华灯初放,福州路上天蟾舞台门前,灯光闪耀,车水马龙,人气很旺,风景独好。

当年的天蟾舞台,除了演出京剧,还有值得一提的一件事是,这里曾经举行过意义重大的纪念活动,是上海剧场史上十分光辉的一页。

那是在1946年,国民党反动派丧心病狂地杀害了民主人士李公朴、闻一多先生。举国震惊,同声抗议。上海各界人民为悼念李、闻两位先生,于1946年10月4日,在天蟾舞台隆重举行追悼大会。主席团有中共、民盟及国民党等各方面人士组成,由沈钧儒主祭。邓颖超、李维汉、郭沫若、黄炎培、罗隆基、马叙伦、史良等5000多人出席大会。只能容纳3500多人的天蟾舞台,首次出现了数以千计的站票,那是上海各高校的进步学生,自觉组成纠察队,担任大会的保卫工作,以防反动派的捣乱。

毛泽东、朱德送来挽联:"为保卫政协争取和平民主而牺牲的斗士精神不死。"

中共代表团的挽联:"继两公精神,再接再厉争民主;汇万众悲愤,一心一意反独裁。"

邓颖超在大会上宣读周恩来亲笔书就的悼词:"今天在此追悼李公

朴、闻一多两先生,时局极端险恶,人心异常悲愤。但此时此地有何话可说?我谨以最虔诚的信念向殉道者默誓:心不死,志不绝,和平可期,民主有望,杀人者终要覆灭!"

当邓颖超念到"此时此地有何话可说"时,全场报以热烈的掌声,经久不息。以后每念一句,台下就响起热烈的掌声。

1947年2月14日,中共代表团驻沪办事处的董必武与上海戏剧界知名人士顾一樵、田汉、洪深、熊佛西、梅兰芳、周信芳等一起,出席观看在天蟾舞台举行的第四届戏剧节观摩公演,节目有京剧、改良越剧、沪剧、粤剧、魔术、滑稽和抗战歌曲等。梅兰芳、周信芳合演了京剧《打渔杀家》。

上海解放后,天蟾舞台因经营亏损,股东弃场出走,前后台员工成立同仁临时管理委员会维持营业,后台建立天蟾实验京剧团。

1954年6月,北京京剧团马连良、谭富英、张君秋、裘盛戎、李多奎等名家强强联合,在天蟾舞台公演《龙凤呈祥》《赵氏孤儿》《秦香莲》等名剧,盛况空前,深受上海观众赞赏,演出场场满座。

1961年2月,周信芳领衔排演的新编历史剧《海瑞上疏》在天蟾舞台首演,这是周信芳晚年精心塑造的刚正不阿、嫉恶如仇的京剧舞台上的青天海瑞艺术形象。

1964年,上海青年京昆剧团新排现代昆剧《琼花》,在天蟾舞台隆重推出,引起轰动效应,观众踊跃,连演108场均告客满,创造了演出成功的新纪录。

1956年至1959年,天蟾舞台由黄浦区管理。到1966年改名为劳动剧场。

1985年归市演出公司管理,观众不喜欢劳动剧场的名称,于是仍然恢复原名天蟾舞台。

　　1989年划归上海京剧院并负责筹资，其中由香港邵逸夫先生部分捐资，于1990年保留原天蟾舞台门面，其余拆除重建。1994年落成，更名为天蟾京剧中心——逸夫舞台，观众席减少到928个座位，各项设备齐全先进，场内安装电子字幕显示屏。

　　如今天蟾逸夫舞台除演出京剧外，越剧、沪剧、淮剧、黄梅戏等地方戏也在这里演出各自的好戏。

我为"国票"点赞

你知道么,我们城市里有家上海国际京剧票房(以下简称"国票")。

算来"国票"已经存在有些年头了。多年前,上海举办"海内外梅兰芳艺术大汇演"期间,上海各界的一些京昆艺术爱好者,以及香港地区、台湾地区的票友一起倡议:上海应当组建一家票房,有个票友之家。1990年元宵节,"国票"诞生了,首任正、副理事长是汪道涵和李储文。这两位京剧爱好者,一个学唱梅派青衣,一个喜欢余、杨派老生,虽然公务繁忙,还是会抽空到"国票"坐坐,以戏会友,切磋唱腔,没有一点官架子。后来,增补了舒适、程十发、秦绿枝、程之为副理事长。

几十年来,每逢周六下午,上海文艺界、新闻界、企业界的京剧爱好者和"国票"的票友们,清茶一杯,三五结伴,围桌坐定,练习唱腔,交流技艺,弘扬"国粹"。

旅居海外的票友们到上海公干、探亲、访友、旅游,都会到"国票"做客。1994年5月1日举办"海内外名票名家联谊清唱会",京剧名家张君秋、谢虹雯、袁世海、杜近芳、马长礼、王正屏、夏慧华,香港名票金如新、李和声、张雨文、张宇以及"国票"的舒适、秦绿枝等出席演唱会。十多年来，来访交流联谊的海内外票房、票友来自香港、台湾、澳门等地区，以及美国、加拿大、法国、澳大利亚、荷兰、新加坡、泰国等国家。

"国票"还经常接待来自全国各地的票房、票友，其中有北京国际京剧票房、贵州省老干部活动中心京剧联谊会、南京金陵汉宝国剧社、杭州长青京剧票房的专程来访，共同交流工作经验，切磋唱腔艺术，密切情意联系。

我和"国票"接触，是由"国票"负责人之一许世德相邀参加活动开始的。许世德是个热心人，通过他的联络，我认识了"国票"的许多文艺界的京剧爱好者。舒适身体健朗，每周活动从不迟到早退，他曾由名师产保福亲授，习余杨派老生，有时参加乐队学打大锣，还会操琴伴奏，曾为电影演员董霖清唱操琴。电影界还有蒋天流、岑范、凌云都是名票，蒋天流还是最早倡议组建票房的发起人之一。新闻界的秦绿枝是著名记者，"国票"的热心人，他爱唱杨派，一曲《洪羊洞》，苍劲柔美，委婉动听，有板有眼，稳健自然。翁思再是国内知名京剧学者、剧作家，在央视"百家讲坛"栏目演讲过《梅兰芳》《伶界大王谭鑫培》，对余派唱腔颇有研究成就。梅兰芳的入室弟子舒昌玉，他的梅派青衣戏，极富神韵。他温文尔雅，潜心研究，老当益壮，乐于和票友们交流并共同提高。画家颜梅华，我只知道他擅长花卉山水，还是戏曲画家，谁知他还能唱京戏，而且唱得地道入耳，他在"国票"由许世德操琴，演唱高派《逍遥津》，高亢清亮，深受赞许。戏曲界的杨华生、陈卫伯都是京剧的爱好者和"国票"的常客，他们都爱唱"麒派"戏，每次唱毕，欢声四起，其乐融融。

有一次,"国票"活动日,朱镕基同志也来了,他是以普通会员的身份来参加活动,他说:"我可作为一般会员参加,不担任任何职务,不要把我当作特殊会员。"那天,他兴致勃勃地为京剧名家夏慧华演唱《贵妃醉酒》二胡伴奏,他琴艺娴熟,配合默契,掌声满堂,传为佳话。他到北京工作后,仍对票房十分关心,他在给舒适的回信中写道:"对你们振兴京剧和积极开展国际票房工作的努力表示敬意,如我有机会去上海,仍愿去票房捧场。"他还认真托人代缴会费,表示自己对票房的一点心意。

在我的记忆中,有一次"国票"的活动日特别热闹,那天众多京剧名家尚长荣、关正明、张学津、王熙春等到来,他们来了就唱,唱的都是各自的拿手戏,这可让票友们大大地过了把瘾。就在这一天,京剧名家唱完后,电影导演岑范毫不犹豫地上台唱了言派戏《让徐州》,一曲咏叹,荡气回肠,苍凉柔情,"言味"十足,不仅博得了满堂彩声,还获得了众多京剧名家的热情赞赏。

事后,岑导告诉我,他念中学时结交了一位朋友叫言小朋,是京剧名家言菊朋的儿子,他常到小朋友家去玩,也就熟悉了言菊朋。他常听言菊朋吊嗓、说戏,听得最多的是《让徐州》,耳濡目染,他爱上了京剧,爱上了"言派",他被言菊朋无时非戏、无处不戏的精神感动,他领悟到言派唱腔在刻画人物苍凉坚韧的性格方面独具特色,他刻苦钻研,取得了可喜的成绩。他认为言菊朋演唱《让徐州》中的陶谦,身染重病,心诚情切地向刘备倾吐心声,其心可敬,其声可亲,心声感人,才能唱得声情齐美,娓娓动听。

出身艺术之家的京剧老票友杨柏年,也给我留下深刻印象。他父亲杨亦农是著名书法家,又是京剧票友。他自幼喜爱京剧,受艺术熏陶，7岁登台演戏，长期以来对麒派和司鼓用心钻研，是票房里不可多得的人才。他曾将自己演出过的《打严嵩》本子，再根据1962年周信芳、裘盛戎演出的实况录音，重新整理出版，这是对弘扬麒派艺术做出的极有价值的贡献。

"国票"的票友中，有不少对京剧艺术造诣较深，勤于探索研究的人士，凭借这个优势，"国票"组织举办一系列重要纪念演出，与海内外票界联谊以及参加各类社会文化活动。比如，为纪念京剧须生泰斗余叔岩100周年诞辰，举办"海内外余派汇演"；为纪念京剧艺术大师梅兰芳、周信芳百年诞辰、为著名京剧大师程砚秋逝世33周年等举办的专场演唱会，都在海内外反响强烈。

"国票"还通过组织比赛，艺术研讨、培训教唱、举办讲座、录制影像、著书立说等，做了大量普及京剧知识、传播民族文化的工作，比如"少年儿童京剧清唱大奖赛"，"麒派艺术系列座谈会"，录制京剧练唱伴奏带，等等。

我深感快慰的是，"国票"的各界票友们，他们因为对京剧艺术和民族文化的无比热爱而走到了一起，即使是名人和官员也只是其中的普通一员。他们辛勤耕耘、切磋交流，流派纷呈，情意融融；他们不求名利，只问学艺上进，乐于奉献；他们不求闻达，只望心意淡定，艺术长青。

当甬剧的曲调响起

上世纪50年代末的一天上午,时任上海市委宣传部副部长兼市文化局局长徐平羽把我找去,说:"中央有几位同志在上海考察,今晚想看甬剧《半把剪刀》,能行吗?"

当年,甬剧《半把剪刀》,还有《天要落雨娘要嫁》和《双玉蝉》三大悲剧,由堇风甬剧团主要演员贺显民、徐凤仙等演出,名声在外,全国不少剧团移植《半把剪刀》。我听徐局长的语气,是希望今晚演出能够成全。我当即和堇风甬剧团团长贺显民联系,事正凑巧,当晚剧团有空,人民大舞台也没演出,进行得非常顺利,演出获得成功。那晚观看《半把剪刀》的是中宣部陆定一同志和文化部的几位同志,他们盛赞戏好,演员好,很感人。

后来,堇风甬剧团被邀请赴京演出《半把剪刀》《天要落雨娘要嫁》《双玉蝉》,引起首都文艺界的关注。中宣部、文化部、中国剧协的领导同志周扬、夏衍、徐平羽、马彦祥、伊兵、刘厚生等观看了演出,戏剧评论家凤子、戴不凡等纷纷发表热情文章,《文汇报》发表社论《好好学习"堇风"的榜样》。

这个阶段不仅是"堇风"的黄金时期,也是甬剧近二百年发展史上的高峰。

正当"甬风"风华正茂，事业蒸蒸日上的时候，一场伤天害理的"文革"风暴席卷而来，平日沉着厚道的贺显民经受不住这场滔天灾难的打击，他在1968年被迫害致死，年仅46岁。徐凤仙忍受着失去丈夫、失去事业、失去自由的三重打击，几乎到了痛不欲生的地步。

"十年动乱"过去，春回大地，徐凤仙庆幸自己能够活下来，贺显民的冤案得到彻底平反昭雪。但是，甬风甬剧团在"文革"受到沉重摧残，终因演员行当残缺不齐、人员老化等等原因无力恢复，甬剧在上海舞台上销声匿迹了。

但是，观众还在想念甬剧，还在回忆甬剧三大悲剧，还在思念贺显民、徐凤仙。观众知道，虽然上海没有甬剧了，可宁波还有甬剧团存在，还有好戏、好演员涌现。就是在上海，1996年上半年，由散落在社会上的甬剧演员发起，在兰心剧场举办了多年不与观众见面的甬剧会串献演。当熟悉的甬剧曲调在剧场回荡响起的时候，勾起了我对甬剧名家贺显民、徐凤仙的深深怀念。

贺显民出身贫民家庭，13岁开始为姑父（宣卷演员）曹显民伴奏，会弹拉多种民族乐器。15岁独自在上海电台演唱宣卷，18岁拜朱宝兴为师，学唱四明南词，不久改唱甬剧，自编、自导、自演新戏，闯出了"改良甬剧"的新路，并与徐凤仙探索甬剧音乐的改革，加强甬剧唱腔的旋律性和表现力。他主工小生，扮相英俊，但也能演中年生、老生，戏路较宽，嗓音甜润，吐字清楚。他为了提高演出质量，改革以往松散的"戏班子"形式，订立了合理的演出管理制度。1955年任甬风甬剧团团长，1960年被评为上海市文教战线先进工作者。

徐凤仙，出生在宁波一个清贫家庭，3岁丧父，母亲为了生计学唱滩簧，徐凤仙从5岁起跟班，学会打小锣和几出滩簧，客串几段民间小调。8岁拜南词艺人柴彬章为师，南词又叫四明文书，是一种文静古雅的坐唱曲种。一年后，她上台做了业师的副手，不久搭班全家福班，打下了扎实的滩簧基础。到了12岁，她已经会唱《拔兰花》《卖草囤》《打窗楼》等20出戏。1941年，徐凤仙在宁波大世界演出，有一天日本翻译腰佩指挥刀，要徐凤仙去唱"庆太平"堂会，她逃到天主堂躲了几天，日本人不准她在宁波城里唱戏，她只得到乡下去唱草台班，谁知乡下也不太平。在这不见天日的黑暗年代，她受尽了欺侮和折磨，一气之下，告别舞台，息影在家。

当时在上海组班的甬剧老艺人王宝云专程来宁波，邀请徐凤仙到上海去唱"改良甬剧"。1942年春天，徐凤仙第一次到上海，在皇宫剧场演出《孤女魂》，接着演出轰动一时的四集《金生弟》，徐凤仙在上海崭露头角，在这个时候使她终生难忘的是遇到贺显民。

徐凤仙在皇宫剧场演出，贺显民来看戏，经过王宝云介绍建议徐凤仙也到电台去唱，说："明天上午贺显民会来接你的。"果然，次日上午贺显民准时到了。他们同坐三轮车，一路上他们一句话也没说。直到上了电台临要唱了，贺显民才问徐凤仙唱什么小曲。在徐凤仙眼里，贺显民在播唱时声情并茂，说话流利生动，给她的印象：他是个忠厚、正派而多才多艺的人。王宝云为了上演剧目需要，请贺显民到皇室剧场和徐凤仙同台合演《余姚西施——华姐》，演出大获成功，几乎红遍了半个上海滩。

远在宁波的徐凤仙的母亲，见女儿一去数月不见归来，一封家书把女儿催回家乡，徐凤仙只得依恋不舍地告别了贺显民。

不久，徐凤仙接到贺显民来信，说："上海恒雅剧场老板要我组班演出，一为不忍心家乡剧种停滞不前，二为有你这样一位艺术同伴，你来吧，让我们携手共进，用我们的心血，创立我们的事业和生活。"

徐凤仙捧读来信，心情好不平静，当她向母亲说明，老母却给她个冷水浇心："本乡本土的地方不唱，去十里洋场是非之地做啥？"

几天后的一个下午，一阵叩门声传来，徐凤仙开门一看，没想到正是风尘仆仆专程赶来邀请的贺显民。更没想到，一向自以为是的母亲，当看到贺显民一表人才，热情诚恳，心里就满意了三分，终于同意女儿去上海演出。贺显民这次宁波之行，不但是徐凤仙艺术事业的一个转折，也是她与贺显民感情上的一次升华。从此，他们开始了活跃在上海戏曲舞台的亮丽生涯，当宁波解放以后，他们正式举行了婚礼。

谁知意想不到的情况发生了。

徐凤仙的双眼突然患角膜炎白内障，先是见到灯光就流泪，后来没有灯光也睁不开眼，如果不计后果继续演出，眼睛瞎了怎么办？不演出，卖座没有保障，剧团怎么办？左右为难，最后想了个折衷的办法，在原定排演的《田螺姑娘》中，让徐凤仙改演一个双目失明的谢母角色。观众们赞扬徐凤仙，小旦演老旦，亮眼扮瞎眼，演得真像。

但是，几天后，她的眼病更加严重。一位眼科医生说，再演下去不出半月，双目可能完全失明。有位姓丁的老医生检查后说应当加紧治疗，有可能恢复原有的视力。剧团的同志们都来安慰她，关心她，观众们得知情况后，送来治眼病的成药、草药和土方。

贺显民紧紧地握着徐凤仙的手说："水清（徐凤仙的乳名）啊，你要相信医生的话，会治好的，万一不能恢复视力，我愿意服侍你一辈子，搀你过马路，扶你上楼梯，我这个人就是你的眼睛。"一番出自肺腑的话深深打动了她，鼓起她重新扯起人生篷帆的信心。

经过11个月的治疗，徐凤仙逐渐恢复视力，重见光明的奇迹出现了。眼疾大有好转以后，徐凤仙为了答谢丁医生，在虹口大戏院演出时特地邀请丁医生来看戏。那天她穿了一件漂亮的旗袍，在演出前上台自拉自唱了一段京剧，丁医生看到徐凤仙灵活的眼神，惊喜地连喊："奇迹，奇迹！"还到后台向徐凤仙祝贺。

1955年春节，贺显民、徐凤仙应邀参加堇风甬剧团。同年秋天，堇风甬剧团改组，贺显民担任团长，徐凤仙被选为艺委会主任，同时建立了健全的剧本、排练制度，聘请几位电影界、话剧界、沪剧界的知名编导，提高演出质量。

堇风甬剧团通过整顿，艺术力量有了加强，陆续上演了《半把剪刀》《天要落雨娘要嫁》《双玉蝉》和现代戏《高尚的人》《东风催春》。他们每年坚持3个月深入工厂、农村、部队送戏上门。1958年下半年，还赴浙东地区巡回演出，受到家乡观众的好评。

徐凤仙庆幸一生可以告慰甬剧前辈的，是和贺显民的相识、相知和相亲，是他紧跟时代步伐，改革甬剧，是他身体力行抓住剧本创作，增强编导力量，出现了"三大悲剧"，是他促进了甬剧赴京演出，交流艺术，开阔视野，播下了家乡的艺术种子。"文革"期间，她被赶下舞台，到粮店工作。1976年以后，她奔走于上海、宁波之间，为培养甬剧青年演员积极出力。1979年她应邀参加全国第四次文代会，1987年，赴香港演出，最后病逝于上海，享年69岁。

很多年后，全国唯一专业甬剧团——宁波市甬剧团来上海演出，由中国戏剧梅花奖和文华表演奖得主王锦文主演《典妻》。舞台上，甬剧曲调悠然响起，我情不自禁地联想起当年堇风甬剧团的"三大悲剧"，想起甬坛精英们王宝云、贺显民、徐凤仙、金翠香、孙荣芳、张秀英等为甬剧事业作出的奉献。聆听乡音，记住乡愁，甬剧一定要与时俱进，让更多的观众爱看甬剧，支持甬剧。

上海记忆中的扬剧

1953年11月的一个夜晚，在上海延安西路200号文艺会堂，周恩来总理和邓颖超同志，由市文化局副局长于伶陪同，观看了扬剧折子戏《偷诗》《上金山》。

周总理对《上金山》赞不绝口，全剧无一句"宾白"，载歌载舞，别具风格，旋律抒情、悲壮、激越，完美地刻画了白娘与小青誓与法海抗争，敢于向恶势力斗争的美德。总理赞扬说："扬剧很美，曲调丰富，表演细腻，耐听耐看。扬剧和淮剧的家乡距离那么近，可是两个剧种的特点又是这样明显突出，足见地方戏曲中劳动人民的创造性真是各有千秋，万不可一概而论，抹杀特点。"这是总理对顾玉君、丁曼华表演的充分肯定，更是对扬剧作了高度的赞赏和评价。

六十多年过去了。我回想当年总理对扬剧的赞扬，耳边仿佛响起扬剧丰富优美的曲调，不觉思念悠悠，感慨万千。

扬剧发源于长江下游的江苏扬州、镇江地区，是由扬州香火戏（大开口）和扬州清曲、花鼓戏（小开口）在上海汇合、交融、发展而形成的地方戏曲剧种。

扬州香火戏，用"跳大神""跳娘娘"以敬神驱邪，逐渐衍化在广场可供群众观赏的演唱，以锣鼓为伴奏乐器，高亢质朴，粗犷铿锵，俗称"大开口"。

扬州清曲为扬州地方曲艺，以坐唱为主要形式，曲牌丰富，唱腔委婉，以弦乐为伴奏乐器。花鼓戏先是流行于当地的民间歌舞。由二三人演唱，节目有《小上坟》《种大麦》《小放牛》《瞎子观灯》等。表演程式有"跌怀""撞肩""跨马""磨盘"等，载歌载舞，轻松活泼，后来吸收扬州清曲的曲牌和曲目，发展成以舞台演出剧目的"小开口"。

清光绪年间，扬州地区村镇渔民、农民、工匠，为了谋生，沿运河、长江进入上海，相继在浦东、杨树浦、闸北一带定居落户，他们沿袭家乡习俗，为祭祀和庆贺，举行敬神驱邪活动，共保安康。于是香火艺人也相继来上海，在浦东、闸北、南市搭台化妆演出。

1922年，崔少华、潘喜云组班演出于方浜路的齐云楼茶馆。此后，虹口、南市、闸北等地开设演出场所成立"维扬大班"。

与此同时，扬州清曲扩大了"小开口"的影响，又将花鼓戏中的"跌怀""撞肩"等表演身段与清曲结合，改坐唱为载歌载舞的表演形式，以各大公司游乐场和大世界为演出基地，称为"维扬文戏"。

当时"维扬大班"和"维扬文戏"的演员全是男性，旦角都由男演员改扮。1925年，"维扬文戏"（小开口）首先突破界限，开办女子科班。随后，"维扬大班"（大开口）不甘人后，招收女艺徒，实行男女合演。

随着形势的发展，"维扬大班"与"维扬文戏"中的有识人士潘喜云、崔少华、臧雪梅等，为了剧种的生存与发展，打破门户之见，"大小开口"之间相互邀约演出，并引进京剧界人才，增强本剧种的表现力。琴师江腾蛟创造了文场闹台和男女同调不同弦的伴奏方法，解决了演唱调门上的障碍。特别是"大小开口"中很多主要演员如潘喜云与潘玉兰，高玉卿与高秀英等相互成婚，合组成"一生一旦，到处吃饭"的夫妻家庭班社，从此"大小开口"难割难分。1927年3月26日成立了上海维扬伶界联谊会，统称为"维扬戏"。

不久，"维扬戏"在上海涌现出一批有影响的演员，如潘喜云、臧雪梅、张月娥、葛锦华、程俊玉、金运贵、十岁红、十龄童、高秀英等，有的被誉为苏北梅兰芳、江北麒麟童和扬州四小名旦。同时新编和移植了一批剧目，又有专演"维扬戏"的维扬大舞台、维扬共舞台、江北大戏院、太原坊、长春楼及各大公司游乐场等三四十处演出场地。于是，"维扬戏"成为上海一个主要剧种。

抗日战争爆发后，上海"维扬戏"队伍发生变化，部分演员回乡，部分演员奔赴内地。直到抗战胜利之日，大部分演员重返上海，恢复元气，积极参加反对艺人和妓女一起登记的进步斗争，并且参与上海戏剧界为田汉祝寿演出活动，同时成立上海维扬戏剧研究会。

新中国成立后，"维扬戏"演员喜庆翻身之余，上海出现面貌一新的勇敢、华庭、联合、新生、三友等八个维扬剧团，他们热情慰问人民解放军，参加多届戏曲研究班学习，队伍素质得到提高，同时，在大批新文艺工作者参与下，创作和整理上演了一批新剧目。1951年，八个维扬剧团合并为友谊、华联、艺宣等几个团。各剧团根据中央关于戏曲改革的方针进行改制、改人、改戏工作，摒弃"幕表戏"，上演整理改编的新戏，首次实行剧本制与导演制，铲除陋规旧习，推行民主管理。于是，一致研究决定，由"维扬戏"正式改称"扬剧"，为新中国增添了一个重要剧种。

1954年，华东区戏曲观摩演出大会在上海举办，由顾玉君、丁曼华、蔡元庆、筱奎童、小金运贵、华美红等主演的《上金山》《偷诗》《八姐打店》三出扬剧折子戏获奖。

1956年，扬剧优秀传统剧目《上金山》，由于表演优美，曲调丰富，别具风采，影响较大，由上海海燕电影制片厂摄成戏曲艺术片，很受赞赏，影响更加深远。

1958年，上海市文化局根据市人委《关于市区分工的几项规定和细则的通知》精神，将华联、艺宣、友谊三个扬剧团，分别交普陀、闸北、杨浦三区管理。

三个扬剧团由区管理的第二年，华联扬剧团编剧曹静卿、孔春楼与上棉六厂业余作者陆金宝合作编写了以反映纺织工人革命斗争的现代剧《黄浦江激流》。剧本取材于上海第三次工人武装起义史料，叙述上世纪20年代初，日商经营的某纱厂残酷压迫工人，由于女工王小妹被工头毒打，引起全厂工人的反抗，并在厂外工人弟兄的支援下进行罢工斗争。日商勾结反动政府进行镇压，更用"离间计"分化工人队伍，最后在中共地下组织领导下，工会干部老孙、卢志英与工人彭大炮等揭露其奸，斗争获得胜利。主要演员有顾玉君、小金运贵、筱奎童、金玉昆、崔鸿声等，首演于昌平戏院。不久，该剧参加上海市戏剧会演，获优秀奖。会演期间，戏剧评论家戴不凡看完《黄浦江激流》后，十分激动地说："好戏，好戏，激动人心的真正现代戏。"戴不凡还写了该剧的评论文章，赞扬华联、艺宣、友谊三个区属扬剧团，通力合作，认真排练，编演了反映五卅工人革命斗争史剧《黄浦江激流》，作为庆祝新中国成立10周年的献礼剧目，既合格又精彩。《人民日报》《光明日报》《戏剧报》及多家地方报刊，都发表评介文章，给予很高评价。《剧本》月刊发表该剧剧本，上海文艺出版社出版单行本，并收入《建国十周年戏剧选》。

1960年，由外事部门组织扬剧《黄浦江激流》剧组赴庐山为外国驻华使节休养团作招待演出，受到好评，全体演职人员深受鼓舞。

正当扬剧各剧团意气风发，兴高采烈地投入创作改编新剧目的排演中，期望扬剧的创作演出、人才培养获得更好发展，"十年动乱"的浩劫突然袭来，各剧团被迫停演，一些主要演员、编剧、导演和行政管理人员被揪斗，遭到严重摧残，有的人员被迫害致死。在"斗、批、改"中，所有人员下放到"五七干校"劳动。1971年12月经当时所在区的"造反派""革委会"决定，全部剧团撤销，人员全部转业。苦心经营的几家剧团，痛心疾首，惨遭大难。

党的十一届三中全会以后，在"文革"中遭受迫害和冤假案得到平反和纠正，扬剧一部分人员得到妥善安置。

1980年4月，时任上海市委副书记兼宣传部长陈沂，会同普陀区宣传部长钱峰等，商讨恢复组建扬剧团问题，反复调研，几经努力，终因从业人员严重缺失，条件有限，未能取得成果，深感遗憾。

写到这里，我不觉回想起扬剧名家高秀英主演的《鸿雁传书》。这是我极为赞赏的扬剧传统剧目，写薛平贵从军，其妻王宝钏苦守寒窑十余年，终日望夫归来。一天，王宝钏见鸿雁北飞，她写血书一封，详叙思念之情，缚于雁足，希望传给平贵。高秀英嗓音清亮，几声"雁哥哥，我请你……"如泣如诉，深情感人，声声绕耳，催人泪下。

扬剧虽说发源于扬州、镇江地区，但是，上海却是扬剧剧种形成和发祥地，有着较多的扬剧观众。上世纪80年代，一部分爱好者自发组成"扬剧之友社"，上海扬剧同仁又建立了上海扬剧艺友联谊会。

1988年夏季，由上海扬剧艺友联谊会、上海电视台、上海人民广播电台、《上海文化艺术报》联合举办"上海扬剧广播电视大奖赛"，江苏、安徽的14个扬剧团和上海曾经从艺的演员100多人参赛。由俞振飞、丁锡满、孙滨、郑礼滨、王鸿、杨永波等28人组成组委会。40多名中青年演员经过角逐，分获"白玉兰"多种奖项。获奖演员在上海公演多天，盛况空前。

如今，扬剧在上海舞台上已经销声匿迹了。但"扬剧很美，曲调丰富，表演细腻，耐听耐看"的美好印象，却长留在上海记忆之中。

不要忘了，江苏、安徽等地仍有不少知名扬剧团和著名演员，唱响扬剧，发展扬剧，繁荣扬剧，扬剧含笑迎春风。上海的观众，别叹息，莫失望，"曲调丰富，耐听耐看"的扬剧能够继续观赏。

"麒派花旦"音容永在

1991年2月14日,农历庚午年除夕,著名京剧演员赵晓岚走完了六十四个春秋的人生旅程。

她以独到的表演艺术,在剧坛留下"麒派花旦"的美誉。获得这个称誉,是她长期跟随京剧大师周信芳,专心钻研、苦学勤练的结果。1956年10月,她随以周信芳为团长的上海京剧院访问苏联演出,以后,她在《四进士》中扮演万氏,在《杨立贝》中饰演杨妻,在《乌龙院》中出演阎惜姣,1961年2月,她参加上影厂拍摄的戏曲舞台艺术片《乌龙院》……长年来,她在这些戏的演出中,有两个显著特点:一是始终与周信芳同台演出,虚心接受他的教诲与帮助,几十年如一日;二是在每个戏中,她始终甘当绿叶,"用全身心演戏"。

如果说,著名丑角刘斌昆陪同周信芳演出《清风亭》饰演贺氏,是水乳交融的杰作,那么,赵晓岚在《乌龙院》中配演阎惜姣,应当是珠联璧合的绝响。戏曲舞台艺术片《乌龙院》当然成为珍贵的戏曲文物资料。她在《乌龙院》中的表演,被誉为"麒派花旦"登峰造极的力作。

周信芳曾经这样说:"有些演员不愿演坏人,只愿演好人。没有坏人，也就衬托不出好人。能把坏人演得真坏，把好人演得真好，那才是好演员。"朴素的哲理，启示赵晓岚专心致志去演好阎惜姣这个反面角色。她认为《乌龙院》这出戏在刻画人物细微复杂的心理活动和相互之间的性格冲突上很有特色，只有把人物演活，才能表现出剧作的原旨。麒派艺术现实主义和程式化完美的结合，不断地探新、求新、创新、革新、更新的进取精神，在这出戏里有着生动而具体的体现。赵晓岚在多年与周信芳同台演出的实践中，不断地学习、揣摩、吸收、消化并掌握了麒派艺术的精髓，她的表演从人物出发，感情充沛，细腻传神，把生活真实同艺术真实很好地融为一体。

赵晓岚因病离开了舞台，但她仍坚持在上海戏曲学校任教。病魔不断困扰她，使她卧床多年，终于一病不起。她离开了我们，但她在舞台上塑造的艺术形象，她诲人不倦的精神，将长留在剧坛艺苑。

戚派艺术通俗美

上世纪 50 年代我接触戚雅仙的表演艺术，特别对她的唱腔艺术有一种特殊的好感。总觉得她的唱腔感情真挚，吐字清晰。在看她的演出时，你闭眼细听，听着她的朴素深情，一个字一个字地把唱词清清楚楚地送到你的心田。这是她的唱腔别具一格、富有特色的生动表现。

后来，接触戚雅仙的表演艺术增多了，而被称为"戚派唱腔"的越剧艺术流派也在戏曲界产生了影响。从当年的"袁派小花旦"，发展变化而自成一派，为广大观众所喜闻乐见，这中间就有值得总结研究的课题，也有值得戏曲同行们借鉴学习的经验。

戚雅仙唱腔艺术的主要特点究竟是什么呢？经过一番思考后，我有了一点粗浅的领悟。

艺术作品中被称为精品的，往往不在于繁、多，而在于简、精，在于删繁就简。比如绘画，一幅精品佳作，正在于简练精到，惜墨如金，达到意味深长、思念无穷的艺术境界。这里的"简"笔，正是蕴含着"精"的实质。简与精的矛盾统一，便出现完美的艺术化境。戚雅仙的唱腔艺术，正是从简进入到精的生动体现。

戚派唱腔以好听好记好学著称，而好听好记好学是以"简"为基点的。因此，她的唱腔容易被观众所接受，也易于在群众中普及。但光有这几点还是不够的，还需要在好听好记好学的基点中，注入深沉的感情，既追求含蓄，又讲究节制，抒发真挚的情愫，这才能以较强的抒情性显示出戚派唱腔的特色。而且戚派这种抒情性较强的特色，是以女中音走中音区为主，因此要显出深沉含蓄的抒情性的独特神韵，达到缠绵委婉、朴素深情的艺术效果。戚派唱腔善于抒情，动人心弦，以平易近人的艺术魅力赢得广大观众的赞赏。比如《梁祝》中的"十相思"、《血手印》中的"三杯酒"、《龙凤花烛》中的"四季衣"等等，都是以抒情性见长的典型唱段，以动情动听来打动观众的。

有人说，戚派唱腔是以表现悲哀情绪为主的。我觉得这只是说了事物的一个方面；戚派唱腔并不以表现悲哀而感到满足与完美。戚派唱腔虽善于表现悲哀之情，但也不局限于只表现悲调哀愁。随着时代的变化，人物性格与剧目风格的迥异，唱腔也自然需要有所变化与适应。比如《相思树》中的"待郎归"唱段，就需要着重表现少妇焦急地等待郎君归来的喜悦欢快心情；在《文姬归汉》的"劝相"中，又以昂扬坚定的唱腔，表达蔡文姬女中英杰的独特性格。这说明戚派唱腔艺术有它的侧重方面，但并没有排斥根据剧情、人物、时代的需要，作某些自我突破与开拓。

戚派唱腔艺术是在"流"中成派的。这也许给继承戚派唱腔艺术的许多青年演员们以有益的启示。那就是不能停留在貌似，而应当追求神似与创新，就像当年戚雅仙从"袁派小花旦"变成后来别具一格的戚派一样。

总之，戚派唱腔艺术之所以受到广大观众的喜爱，在于它具有通俗易懂、声情并茂的特点。我以为，戚派表演艺术最主要的特点可以归结为通俗美。

通俗美，是形成戚派艺术的核心与强点。

通俗美，是戚派艺术在群众中得以流传的重要支点。

通俗美，是戚派艺术永葆艺术生命力的主要关键。

上海观众赞赏李少春

上海观众赞赏京剧表演艺术家李少春,我认为完全出于真心钦佩他的艺术功力。

李少春自幼在他父亲李桂春(艺名小达子)的严格督促下,坚持练功。八岁从丁永利习武生,从陈秀华习老生,以文武兼备著称。1938年到北京拜余叔岩为师,进一步深造。他扮相清秀,嗓音宽厚,唱腔韵味清醇,身段边式优美。老生戏宗"余(叔岩)派",武生戏宗"杨(小楼)派",又博采众长,形成自己的艺术风格。能戏甚多。上世纪30年代末开始,他组织剧团往来演出于京沪各地。

这里,我请大家关注的是,上海解放后,李少春两次组团来上海演出的往事。

1949年10月27日,以李少春、杜近芳、袁世海为首的起社京剧团,携带新戏《野猪林》来上海天蟾舞台上演。当时新中国成立不久,李少春满心喜悦地为上海观众送来了新编好戏。

这出新戏《野猪林》,是李少春、袁世海在剧作家翁偶虹的支持下编写的,李、袁二位,把当年杨小楼、郝寿臣演出的《头本野猪林》和《二本山神庙》,加以精练浓缩成为一台戏,丰富了"菜园结拜""误闯白虎堂""长亭离别""苦情发配""山神庙雪恨"等情节，使林冲的唱、念、做、表等得到了丰富充实。翁偶虹先生是李少春的师叔，李、袁在编写过程中遇到了难题，随时向师叔请教，有时候，李少春同师叔通电话，相互研讨，长达一小时之久。风雪之夜，林冲枪挑葫芦，从山村沽酒回来时，李少春觉得这特定的情境，林冲孤身一人踏雪行走，回想往事，思念家乡亲人，心怀仇恨，应当有林冲抒发胸臆的唱段。翁偶虹不仅对李少春"发配野猪林"一折中，设计林冲在不堪忍受解差鞭打中一个出神入化的难度极大的动作——戴手铐，翻"吊毛"感到欣慰，又能想到在适当情节中安排核心唱段，真从心里无比兴奋。于是，李少春写成了用【反二黄散板】"大雪飘，扑人面，朔风阵阵透骨寒……"大段精彩动人的吟唱，脍炙人口，流传至今。

　　翁偶虹意识到，李少春是个用功读书、勤于思考、谦虚好学、认真学艺的好演员，而且还是既能编写又会导演的很有前途的人才。他擅演的传统剧目有《战太平》《打金砖》《三岔口》《闹天宫》等，新编剧目有《满江红》《将相和》《红灯记》《白毛女》等。他虽然亲传弟子不多，但是效学者不少，有钱浩梁、李小春、马少良、李光、于魁智、王平、傅希如等。

　　上海观众对"风雪山神庙"这场戏极为赞赏，这场戏情节紧凑，开打独特，斗争激烈，扣人心弦。陆谦一伙奸贼，满以为林冲已在草料场必死无疑，谁知打开庙门，惊见他们一伙"屡次害不死的林教头"怒目圆睁，挺立庙门。陆谦一伙大惊失色，持刀砍杀林冲，林冲手无寸铁，只有手中一件衣服，面对恶贼，他甩衣御敌，最后，夺刀对抗，手刃陆谦，林冲、鲁智深投奔梁山。这场戏情节层次清楚扣人，开打设计别开生面，人物性格鲜明突出，演员表演功夫了得。

几年过去,到了上世纪 50 年代后期,李少春已担任中国京剧院一团团长,他率领袁世海、李世霖、娄振奎、李金鸿、李金泉、王鸣仲、骆洪年等名角,带来新戏《响马传》,在上海人民大舞台演出,上海观众频频喝彩。

《响马传》说的是秦琼、程咬金等 36 个英雄好汉,齐心协力,破杨林阵地,除暴安良的故事。上海观众对《响马传》特别感到新鲜动人。这出新戏,由翁偶虹编剧,但是,李少春在剧中既演主角秦琼又兼导演,设计安排了一些关键性的场次和表演,其中"秦琼观阵"就是最叫好的一折,李少春在这出重头戏中,既以繁重的唱、念、做、舞表现出色,又充分展示他优美的艺术功力。

当年周信芳先生看了《响马传》后,他除了欣赏"秦琼观阵"一场外,还对李少春能用一套【二黄导板、碰板、原板】,把老戏《洗浮山》里一切表演技巧自然地融化在里面,更欣赏秦琼的出场。周信芳先生说:"作者敢于在长叶岭劫皇纲之后,单刀直入地安排了秦琼的出场,经过秦琼的一段【西皮流水】,精简了'失纲回报''传檄搜捕''秦琼承差'以及秦琼的思想斗争等许多冗杂场子,称得起精练简洁,惜墨如金。"

写到这里,我想起戏曲界一件轶事:

早年,在上海,李少春看盖叫天先生演《洗浮山》,连看三场,每天换一个座位。今天是前座,隔日边座,后天后座。李少春对别人说:"看盖老的戏,无论从哪个角度看,都是美的。"几句话,说明了前辈艺术家的精湛表演,同时反映了后学者虚心学习的美德。

李少春在"秦琼观阵"一折中,显然吸收、借鉴了盖叫天先生和他父亲李桂春饰演《洗浮山》中贺天保的表演,移花接木地融化在

"秦琼观阵"的许多唱、念、做、舞中。李少春的大段"趟马"动作，集中表现秦琼在探察敌情的阵地时，既沉着应对，谨慎小心，又勇敢机智的英雄气概。《洗浮山》里，贺天保的"趟马"，是单身独行，"秦琼观阵"中是秦琼、王周并肩双骑，需要二人配合默契，动作完美。当然，舞蹈动作与情绪交流的难度大大增加，这许多舞蹈动作是"踩着生活创造的"。秦琼身上的帽子、褶子、袖子、胡子、带子，手中的鞭子，都合情地舞动起来，用来烘托和表现"观阵"的艰险难度。还有，秦琼穿的靴子是厚底靴，表现许多一连串的舞蹈动作，熟练轻巧，毫不拖沓笨拙，每次演出，观众鼓掌欢呼，好评不断。

《响马传》在北京中和戏院正式演出，周恩来总理来看戏。散戏后，周总理高兴地来到后台连称"好戏"，他对李少春设计的前部秦琼穿宝蓝色箭衣，宝蓝色褶子，戴宝蓝色素罗帽，后部则换为一色纯青，非常欣赏，同时指出，观阵时背在身后的双锏，可以把金色的锏顶换为银色，更显得淡雅。周总理还希望这个戏到中南海演出，让其他中央领导同志能来观赏，周总理更提议这个戏作为国庆十周年的献礼节目。

我曾听说李少春演出《满江红》，有人问他，请问你演的是哪个派？

李少春回答："我演的是'人物派'。"

在我的心目中，李少春是一位不可多得的有高文化修养的演员。演员不一定有高学位，但是，一定要有高文化，文化素质高，艺术质量就提升。李少春演戏，重视出新意，坚持演人物，表演求完美，这是他演剧的理念，信守的格言。

这样的好演员，值得我们怀念他。

这样的名演员，值得青年演员们学习，敬爱他。

京剧的"骂戏"

在京剧舞台上,有一批别具一格的传统剧目,它风格独特,正气凛然,催人奋进,深受欢迎,人称"骂戏"。比如,老生戏的《击鼓骂曹》《骂王朗》,青衣戏的《贺后骂殿》,老旦戏的《洪母骂畴》《徐母骂曹》等等,都是脍炙人口的"骂戏"。

周信芳更有"麒派"特色的一系列"骂戏",尤为观众所赞赏。《打严嵩》中邹应龙骂严嵩,《海瑞上疏》中海瑞骂皇帝,《四进士》中宋士杰骂三个贪赃枉法的进士,《打渔杀家》中萧恩骂赃官,《清风亭》中张元秀骂忘恩负义的义子张继保,《义责王魁》中义仆王中责骂王魁等等,在戏曲舞台艺术中树立了光辉的形象。

京剧中的"骂戏"为什么受人们欢迎?我以为,它集中表现了人民的思想愿望,反对邪恶,痛恨背叛,弘扬正气,勇于为人民说话,喊出时代的声音,满足人民的心愿,因而延续至今,久演不衰。

"骂戏"并不是单纯地为骂而骂,而是传承民族的优秀秉性,反映人民的道德需求,从生活中提炼,用艺术手段表现生活的真实和人民的心声。"骂戏"中的精彩唱腔,激昂的念白,动情的表演,刻画人物的磊落胸襟,正直气质,疾恶如仇的精神风貌,是宝贵的精神财富。

从传统剧目中的"骂戏",到"麒派"特色的"骂戏",显然可以看出京剧"骂戏"发展的轨迹。"麒派"特色的"骂戏"之所以能够有所发展与提升,这是与周信芳刚正不阿,爱国爱民,反对忍辱屈膝、祸国殃民行径的思想分不开的。这种现实主义戏剧观使京剧的"骂戏"具有新的内涵,为广大观众提供美好的艺术享受与精神洗礼。

京剧的"骂戏"应当有其生存的空间,也是具有生命力的。传统剧中的"骂戏",借古喻今,能够起着针砭时弊的作用,让义仆王中痛斥忘恩负义的主人,让叛国投降的洪承畴,受到深明大义的母亲的严责,让贪赃枉法的官员,领受正义的声讨,这些惊心动魄的"骂戏",都成为我们今天社会和人民的不可缺少的精神力量。

"骂戏"需要不断继承与创新。

"骂戏"必定常"骂"常新。

消失的大戏院

上海的金陵中路与西藏南路路口，曾经有座主要演出戏剧的剧场，每当名角登台，门前车水马龙，人头攒动，好不热闹。可如今，时过境迁，这座剧场已经不存在了。它就是成立于1930年1月，由上海青帮头子黄金荣创办的黄金大戏院。

七年以后，黄金大戏院由海上名票金廷荪、孙兰亭等经营，邀请京剧四大名旦与马连良等登台献艺，而上海戏曲学校正字辈学生常在此演出。到了1944年，由周信芳、叶涵青租营到1948年，这期间麒派名剧《徽钦二帝》《文天祥》《明末遗恨》等相继上演，还邀请李玉茹、裘盛戎、高盛麟、言慧珠、黄桂秋、芙蓉草、曹慧麟等合作演出。

抗战胜利后，田汉从大后方回到上海，特地到黄金大戏院看周信芳的演出，阔别八年多，感慨万千，田汉赋诗一首赠周信芳：

烽烟九载未相忘，
重遇龟年喜欲狂，（龟年即李龟年，比喻艺友）
烈帝杀宫尝慷慨，（烈帝即崇祯帝）
徽宗去国倍苍凉。

留须谢客称梅大，（指梅兰芳）
洗黛归农美玉霜，（指程砚秋）
更有江南伶杰在，
歌台深处筑心防。（称赞周信芳）

诗中表达了作者重逢艺友的欣喜，歌颂了周信芳、梅兰芳、程砚秋等坚持民族气节的正义精神。

1947年8月19日，为创设越剧学校和建造实验剧场筹募资金，越剧界的一批演员在上海妇女联合会许广平及文化界于伶、田汉的积极支持下，由袁雪芬联合尹桂芳等十姐妹（其余八人为徐玉兰、竺水招、筱丹桂、张桂凤、吴小楼、傅全香、徐天红、范瑞娟），在黄金大戏院联合公演越剧《山河恋》，盛况空前，半个月的戏票预售一空。

周信芳在主持黄金大戏院期间，曾与田汉一起，邀请郭沫若、郑振铎、许广平、夏衍、蔡楚生、冯乃超、沈知白、姜椿芳、欧阳山尊、高百岁等研讨平（京）剧艺术改革工作，组织编剧委员会写作剧本，创办《戏剧杂志》，举办星期日艺术讲座，周信芳愿以他主持的黄金大戏院作为活动的据点。田汉写了借古讽今的京剧《琵琶行》，由于国民党政府的非难和阻挠，这出戏未能上演。

1947年2月15日，上海戏剧界人士在黄金大戏院举行第四届戏剧节纪念大会，顾一樵、田汉、洪深、梅兰芳、周信芳等数百人到会，熊佛西任主席，洪深为主持人，顾一樵、田汉、梅兰芳等在会上发了言，就如何对待传统文化遗产、戏剧改良的新途径等，发表意见。5月4日，第三届文艺界庆祝大会在黄金大戏院召开，郭沫若、邵力子发表演说，茅盾介绍了苏联文艺界的概况。中间穿插演唱、诗朗诵和由新中国剧社演出的活报剧《万元大票》。也是在这一年的6月13日，周信芳和裘盛戎、高盛麟、李玉茹等在黄金大戏院再次演出《徽钦二帝》，以北宋亡国的惨痛，借古喻今，激发观众敌忾同仇，增强民族意识。

上海解放后的1951年3月，黄金大戏院由华东文化部租营，更名为华东大众剧院，为华东实验京剧团的演出基地，陈大濩、王金璐、陈正薇在此演出新编《宝莲灯》《铸剑》等剧。华东实验越剧团（上海越剧院的前身，由原雪声剧团26人，云华剧团10人为基础组建而成，是解放后华东地区第一个国家戏剧团，隶属于华东文化部）也常在此演出。

1951年4月18日，盖叫天、小盖叫天在大众剧院公演《史文恭》《窦尔墩与黄三泰》等好戏，父子同台献艺，他们的精湛演技，赢得观众的连连好评。

1953年8月21日，浙江婺剧实验剧团在大众剧院公演。婺剧是流行在浙江金华、兰溪、衢县一带，远及江西东部地区的古老剧种，当地俗称"金华戏"，金华古名婺州，因此解放后统称婺剧，它已有400年历史。周越先是婺剧著名表演艺术家，是浙江婺剧实验剧团的团长。她的代表剧目有《雪里梅》《断桥》《三姐下凡》等。1953年4月，中央文化部举办第一届全国民间舞蹈会演，周越先的《雪里梅》轰动首都观众，著名舞蹈家戴爱莲给以很高的评价。

该剧院1954年划归市文化局管理，改名大众剧场。后来又由卢湾区文化局接管，1957年1月30日，市文化局在大众剧场召开1956年整理传统剧目工作发奖大会，数百名参加发掘和整理传统剧目工作的老艺人、演员、戏曲工作者参加，局领导为整理传统剧目而积极工作并有贡献的 159 位老艺人、演员发奖金，传统剧目整理委员会主任委员周信芳致贺词。

1993 年，因市政建设需要，大众剧场被拆除。

就这样，这座曾经坐落在市区黄金地段，享有较好声誉的主要戏曲演出场所，在上海滩上存在 63 年以后，转瞬间在广大观众眼前消失了。

但是，广大戏迷朋友，上海的老市民，只要提起周信芳曾在这里演出《徽钦二帝》《明末遗恨》《文天祥》等好戏；只要想起 1940 年 4 月 29 日，程砚秋在这里演出，赢得一片赞扬，人们就会情不自禁地讲述不完这座专演戏曲的主要剧场的昔日辉煌。

文化广场四十年

上海解放初期,那时候想要举行室内大型集会和文艺演出,最困难的是缺少一个能够容纳万把人的条件良好的场所。

能不能改造旧场地重建一所大型剧场呢?这个问题提到了当时任上海市市长的陈毅同志的议事日程上。

人们想到位于辣斐德路(今复兴中路)597号由法商开办的"逸园跑狗场"。这所号称远东第一的"大赌场",于1928年10月开场,能容纳两万余人,还设有为赌客服务的旅馆、餐厅、舞厅等。"逸园"的英文名Canidrome,谐音是"看你穷",实际上是坑害国人,榨取巨额利润。上海解放后,跑狗场停业。

1951年,"逸园"因拖欠国家巨额税款和职工工资案,经上海市中级人民法院判决,由上海市文化局出资清偿债务,所有土地及建筑归市文化局,并且遵照陈毅市长将逸园改造为上海群众性政治文化的重要活动场所的指示,1952年4月,上海市人民文化广场筹备处成立。11月,经市政府批准,正式定名为"上海市文化广场"。改建工程从1952年动工,到1954年底竣工。这座占地72亩,西起陕西南路,东达茂名南路,北临复兴中路,南止永嘉路,经过改建后成为能容纳1.5万人的大会场、大舞台，舞台台口宽21米、深19.8米、高8米、总高12米，两侧各有384平方米副台，后台有可供200多名演员同时化妆的大小14间化妆室，台前建有活动乐池，可供60—120人的乐队演奏，文化广场成为当时全国最大的舞台。

在改建的文化广场即将落成的1953年6月，梅兰芳剧团到文化广场为3万多建筑工人慰问演出，梅先生主演了《霸王别姬》，其他演员演出了《蜈蚣岭》《鱼藏剑》，受到了工人们的热烈欢迎。

1954年春节期间，市文化局组织话剧、戏曲、音乐团体等8749人，在文化广场举行慰问人民子弟兵的军民联欢，演出历时5天，盛况空前。

1955年7月30日，为纪念聂耳逝世20周年，市文化局、市文联和音乐家协会上海分会，在文化广场联合主办"聂耳作品演唱会"。

1957年4月29日，周恩来总理从杭州来到上海，在文化广场对全市部分党员干部和各界人士共15000人，作了"关于正确处理人民内部矛盾若干问题解答"的讲话，受到了全场干部的热烈欢迎，并在讲话结束的时候，在全场雷鸣般的掌声中，走到干部们中间，绕场一周，频频向大家微笑挥手……

1957年6月8—10日，北京京剧团著名演员马连良、谭富英、张君秋、裘盛戎、李多奎等，在上海天蟾舞台演出之后，为满足广大上海观众的热情要求，特地在文化广场演出3场，受到了4万多戏迷观众的赞赏，也为京剧名角在大型舞台演出留下了佳话美谈。

1958年4月21日，日本松山芭蕾舞团在文化广场演出《彼得和狼》《仙女们》。

在这之前，苏联莫斯科小白桦舞蹈团在文化广场演出了4场，优美的舞姿、俄罗斯民族的风格、独具韵味的乐曲，给上海观众以美好的艺术享受。

1964年5月23日，第五届"上海之春"在文化广场开幕。上海专业和业余音乐舞蹈工作者3000人，演出大型音乐舞蹈史诗《在毛泽东旗帜下高歌猛进》。国务院总理周恩来、副总理陈毅来沪观看了专场演出。

1969年12月，文化广场进行大修。在修建过程中，因民工违章操作，引发火灾，全部观众厅和舞台被毁。在灭火抢救国家财产过程中，有14名灭火者壮烈牺牲，其中有附近学校的青年学生；重伤33人，轻伤200多人。1970年复建后，观众厅改为封闭式，全场无落地支柱，舞台总高升至19米，灯光音响采用先进设备。

1979年9月24日，这是粉碎"四人帮"后，上海文化广场举行盛大的"尹桂芳越剧流派演唱会"。尹桂芳被平反后，有人搀扶着她走上舞台，她从福建赶来第一次出现在久违的上海观众面前，文化广场里顿时响起了雷鸣般的掌声。许多观众噙着泪水，有的观众坐着轮椅，连喊带叫一起涌向台前。尹桂芳站定了，她化妆成屈原的形象，目光炯炯，气宇轩昂，她吟唱了《屈原》选段。这情景久久难从人民的脑海里消失。站在广大观众面前的是一位顶天立地的屈大夫，在许多戏迷的眼里她是一个铁骨铮铮的尹大姐。人们听到尹大姐说："残我尹桂芳，喜有后来人。"

文化广场建场将近40年，国内外数以百计的艺术院团曾在这里演出音乐、舞蹈、歌剧、舞剧、芭蕾、杂技、戏曲、话剧以及评弹专场，丰富了上海人民的文化生活。

四十年过去了，文化广场虽然已经完成了历史使命，离人们远去，但是她在上海人民的心灵上，将会树起一座丰碑，谱写璀璨的诗篇。

图书在版编目（CIP）数据

艺坛漫笔 / 鲍世远著 . —上海：文汇出版社，2021.1
ISBN 978-7-5496-3354-8

Ⅰ.①艺⋯ Ⅱ.①鲍⋯ Ⅲ.①随笔–作品集–中国–当代 Ⅳ.① I267.1

中国版本图书馆 CIP 数据核字（2020）第 223564 号

艺坛漫笔

著　　者　鲍世远
责任编辑　徐曙蕾
装帧设计　董红红

出版发行　文匯出版社
　　　　　上海市威海路 755 号
　　　　　（邮政编码 200041）

照　　排　南京理工出版信息技术有限公司
印刷装订　上海颛辉印刷厂有限公司
版　　次　2021 年 1 月第 1 版
印　　次　2021 年 1 月第 1 次印刷
开　　本　890×1240　1/32
字　　数　190 千
印　　张　8.375

ISBN 978-7-5496-3354-8
定　　价　45.00 元